企业

三栖 *法律顾问* 操作实务

代宝义　著

中国政法大学出版社

2018·北京

图书在版编目（ＣＩＰ）数据

企业三栖法律顾问操作实务/代宝义著. —北京:中国政法大学出版社,
2018. 11

ISBN 978-7-5620-8713-7

Ⅰ. ①企⋯ Ⅱ. ①代⋯ Ⅲ. ①企业－法律工作者－基本知识－中国
Ⅳ. ①D926. 5

中国版本图书馆 CIP 数据核字(2018) 第 257154 号

出 版 者	中国政法大学出版社
地　　址	北京市海淀区西土城路 25 号
邮寄地址	北京 100088 信箱 8034 分箱　邮编 100088
网　　址	http://www.cuplpress.com（网络实名：中国政法大学出版社）
电　　话	010-58908586（编辑部） 58908334（邮购部）
编辑邮箱	zhengfadch@126.com
承　　印	固安华明印业有限公司
开　　本	880mm×1230mm　1/32
印　　张	7. 5
字　　数	180 千字
版　　次	2018 年 11 月第 1 版
印　　次	2018 年 11 月第 1 次印刷
定　　价	39. 00 元

P 前 言
PREFACE

　　企业法律顾问工作该如何做，是一个老话题，这些年也出版了不少著作，但作者认为，老树也可以发新芽，老题目也可以做新文章。本书主要从"法商税"和"服务可视化"两个角度进行论述，为律师从事企业法律顾问工作提供不一样的视角和实用性的工具，让律师在为企业提供法律顾问服务时得心应手。

　　法律服务市场非常广泛，律师可以提供服务的对象也非常多，但企业无疑是律师最重要的客户，律师能够抓住企业，多签订几家常年法律顾问单位，业务就有了基本的保障。作者在执业生涯中，就是将服务对象定位于企业，这些年的案源有近80%来源于常年法律顾问单位，解决了案源开拓之忧。

　　本书正是作者从事企业法律顾问工作近十年来的一些心得体会，有些做法自工作之初就采用且一直坚持至今，让作者和作者的团队受益良多，时间最久的法律顾问单位从作者2009年执业至今一直在合作。

　　可能有的年轻律师会说，我也想从事企业法律顾问工作，可是没有案源，没有自己的顾问单位。本书在开头第一章就给出了一些法律顾问工作的理念，年轻律师只要掌握了这些工作理念，再结合本书第二章给出的开拓方法，相信一定可以获得自己的顾问单位。

要强调的是，本书虽然给出了一些方法，但并没有剑走偏锋，很多方法是目前律师界常用的方法，只是加入了一些作者的见解。实际上，最重要的是坚持做，始终做，并将这些工作成果可视化，本书在工作成果可视化方面也给出了一些建议。

事实上，作者在与顾问单位谈续签时，最重要的一个法宝就是带着订好的卷宗去谈。基本上，当作者拿出几个厚厚的、整洁的卷宗时，企业都会被震惊到，顾问合同一般都能顺利续签。

本书在写作过程中，受"法税同审"课程创始人李建峰律师启发颇多，在此一并感谢。

代宝义

2018 年 6 月

目 录
CONTENTS

第一章
企业法律顾问工作理念

企业法律顾问该如何做，每个律师都有自己的认识，这也导致了律师提供的服务内容和服务方式千差万别，服务效果也就不尽相同。因此，弄清楚律师从事企业法律顾问工作的理念，是一个非常重要的问题，也是首先要解决的问题。

前些年，在律师行业流传着一句话：一年到头见不到律师几次，一般只会在签订顾问合同时见一次，收律师费时见一次，来年再续顾问合同时见一次。是企业对律师从事法律顾问工作的调侃。律师以这种模式去提供法律顾问服务，当然不会获得企业认可，来年的顾问合同很可能是续签不成的。我们律师自己，也对法律顾问业务有一个形象比喻：狗熊掰玉米，掰一个丢一个。

可以说，这些年，企业法律顾问业务对一些律师，特别是老律师来说，正在成为鸡肋业务，他们不愿被一两家企业拴住，但又舍不得每年固定的顾问费，而一旦签订完顾问合同，他们又去忙活别的大案子去了，把后续服务扔在了一边，导致顾问单位签了丢、丢了签。要想解决这些问题，本书认为，首先要解决律师做企业法律顾问工作的理念问题。

律师在给企业做法律顾问时，除了要具备法律知识，提供法律风险管理服务以外，最起码还应该懂得两方面的知识，那就是企业管理知识和税务知识。如果律师不懂得这两方面的知识，很难融入到企业日常经营中去，所出具的合同和法律建议很可能不切合实际，甚至给企业造成损失。也就是说，律师要做到"法商税"三栖，不能仅限于法律服务，更何况，法学本身也属于管理学的范畴，税法本身更是一门法律课程，是律师要掌握的。以上问题解决了，再加上团队化的合作，才能保证律师的服务质量不降低，满足顾问单位的服务需求，避免因律师个人没有时间提供服务而导致顾问单位丢失。这样也可以使老律师得到解脱，让他们专心于业务指导和开拓，将具体服务工作交给团队成员。

总结起来，律师给企业做法律顾问的理想境界是：管理法律风险，实现商业目标，降低税务负担。正所谓，"法律顾问高标准，要求都在法商税"。本书中，我们将围绕这几个方面展开。

第一节　法律顾问工作重在企业法律风险的管理

根据中国国家标准化管理委员会发布的《企业法律风险管理指南》（GB/T 27914-2011）中对企业法律风险的定义，企业法律风险是指基于法律规定、监管要求或合同约定，由于企业外部环境及其变化，或企业及其利益相关者的作为或不作为，对企业目标产生的影响。从以上关于企业法律风险的定义可以看出，企业法律风险管理是一个非常系统和庞大的工程，需要针对企业法律风险的方方面面采取措施。对于一般的小微企业来说，法律顾问的作用主要是帮助企业在日常经营过程中预防和化解法律风险，这就要求律师要明确工作的首要任务，理清工作理念。

这项理念对律师工作的要求是律师充分融入企业的经营当

中，保持与企业的日常沟通，了解企业可能面临的法律风险，及时提供法律建议，提前预防和化解法律风险。那种只等着企业上门咨询的做法是非常错误的，会使律师的工作有很大的被动性，让律师无法起到法律顾问的作用。在这方面，律师不能做门诊医生，要做住院医生，住院医生的工作怎么做？每天查房，主动了解病人的情况，及时发现病人病情的变化，提前采取治疗措施。对于律师来说，就是要经常与企业沟通，掌握企业的经营状况，发现企业存在的法律风险，及时提供法律建议。

一、法律风险管理的原则

1. 企业商业目标优先

企业面临的风险是多方面的，法律风险虽然是企业面临的一项重要风险，但并不是唯一的风险。而且，客观上讲，企业面临的最大风险是商业风险。企业在经营过程中，首先考虑的是商业目标的实现，在实现商业目标的过程中，尽量避免法律风险。因此，从这个意义上说，律师是服务于企业的发展需求的，企业商业目标必须被摆在优先地位。企业只有实现了商业目标，才能解决生存问题，生存问题解决了，才会考虑其他问题。这也是在现实中，创业期的小微企业很少聘请常年法律顾问的原因，他们首先要解决的是生存问题。

实务中，有不少律师在提供法律服务的过程中出现了偏差，一味追求法律风险的管理而忽视了企业的商业目标，甚至出现为了避免风险而中断或放弃交易的情况。本书认为，这种做法是不可取的。律师应当在适当管理法律风险的情况下，尽量促成交易，在交易之前，向企业说明可能存在的法律风险，让企业提前采取一定的预防措施；在交易过程中，与企业保持联系，及时提供法律指导，让企业尽可能多地获取交易机会，赚取利润。

法律的目的是规范交易各方的行为，并不是为了限制或禁止交易，律师在为企业提供法律服务的时候，更要时刻把这一点作为服务的目的。事实上，企业不喜欢只会说"不"的律师，他们喜欢的是告诉他们怎么做的律师。商事律师与刑事律师的区别在这方面是比较大的，刑事律师要和公权力部门进行抗辩，以便法院查明案件事实，促使法律得到正确实施；商事律师则主要是帮助企业合法经营，获取更多的商业利益，这需要积极的作为。

企业商业目标往往可以从两个方面去理解，一方面是开源，一方面是节流，律师在提供服务过程中，应当注意从这两方面考虑问题。关于节流，要重点说一下，并不只限于减少直接支出，还包括一个重要的方面，就是税务成本。律师在为企业设计合同或方案时，必须要考虑到税务成本。对于一些个别交易，税务成本会占到相当大的比例，比如房地产买卖、股权交易，都可能会产生数十万元甚至数百万元的税务成本，律师在帮助企业实现这些方面的商业目标时，要对成本予以重点关注。

2. 与企业管理水平相适应

企业法律风险管理是一个非常庞杂的体系，但这并不代表每一个企业都要实施一套完整的体系。律师要根据企业的管理水平，帮助企业建立与之相适应的法律风险管理制度，不能不切实际地提出一些方案，让企业无从实施。

比如，很多小微企业并没有专职的法务人员，律师平常需要与企业家、相关部门的负责人对接。企业家一般忙于业务，很少有精力亲自去实施法律风险管理的方案，相关部门的负责人也各有本职工作，涉及本部门工作内容时，他们可以协助律师建立相对完善的管理制度，但却没有能力协助律师实施整套法律风险管理制度。在这种情况下，律师就要为企业设计一套简单、易操作的法律风险管理制度，甚至在很多情况下，需要律师督促企业实施一些制度，为企业管理常见、重大的法律风险就可以了，而不能像对待大企业那样，制定一套非常复杂的制度。这种制度在现实中可能根本无法实施下去。

相反，如果是中大型企业，且企业内部又有法务部门，有专门人员配合律师的工作，律师就要为企业建立一套规范、完整的法律风险管理制度，帮助企业实现规范化管理，降低法律风险发生的概率。现实中，中大型企业需要的服务水平更高，对律师的要求也较高，律师在为他们提供服务时，必须重视对企业法律风险的管理制度建设，为企业提供系统的服务。

企业的发展阶段一般可以分为初创阶段、发展阶段、成熟阶段、衰落阶段，不同阶段的企业管理水平是不同的。一般来说，初创阶段的企业管理相对较为粗放，各项制度处于创立阶段，律师在这个阶段要特别注意提供适合企业的法律风险管理制度，提供适应企业需求的法律服务，不能不加区别地按照一套模式服务企业。

3. 全程参与

这里的全程参与，强调的是律师的参与，律师在为企业提供法律服务时，应当参与到企业经营的各个环节当中，对于企业的主营业务，律师要参与业务的开拓、研发、生产、销售、售后服务等所有环节，为企业的业务发展保驾护航。对于企业的人事管理，也要从人员招聘、入职管理、日常管理、离职等所有环节上提供法律服务。如果企业在设立之初就聘请律师担任法律顾问，律师更应当参与到企业的设立、发展、成长的整个过程中。当然，这种参与不是让律师参与具体的业务，而是要与企业相关负责人或经办人保持经常性沟通，了解企业的运营情况，熟悉企业的业务流程和模式，这样才能发现问题，提供针对性的法律建议。

律师全程参与的好处显而易见，可以使律师为企业提供及时的、针对性的法律服务，为企业法律风险管理制度的实施提供流程保障。现实中，有些企业出于保密和效率的考虑，可能不会让律师全程参与，在这种情况下，律师就要与企业充分沟通，打消企业的顾虑。

4. 持续改进

持续改进简称 ECI，E——Every，全领域、全员、全过程；C——Continue，持续不断、坚持不懈；I——Improve，改善、改进和创新。根据 ISO 定义：持续改进是注重通过不断地提高企业管理的效率和有效性，实现其质量方针和目标的方法。

持续改进是企业实现商业目标、提升企业价值和增强企业活力的有效手段，是打造优秀的管理团队和改善、优化、整合资源配置的先进方法，是实现良性发展的活力源泉和不竭动力。我们这里所说的持续改进，是指律师在为企业建立起法律风险管理制度以后，应当随时关注新情况，根据企业的发展状况，及时修正制度中的不合理、不完善之处，让企业法律风险管理制度随着企业经营状况的变化而改变。事实上，不光企业经营状况的变化会带来变更企业法律风险管理制度的要求，法律的变更、行业的变化、人员的变动都会给企业法律风险管理制度带来挑战，需要律师根据上述情况，及时修正企业法律风险管理制度。

有一种观点认为，管理不以完善为目标，而以有效为目标。我们工作中遇到的问题得到有效解决，即"持续改进"，持续改进就是管理有效。法律顾问服务由于其外部性和兼职性的特点，很难做到完善，能够帮助企业有效地管理法律风险即可。从这个角度，法律顾问工作的持续改进正是为了这种有效而不断提升律师的服务，让企业真正感觉到律师的存在。

企业高速发展时，一定会不断面临新的法律问题，这个时候，需要律师及时跟上企业的步伐，提供更好的法律服务。如果律师不进行改变，不改进工作方法，提高服务质量，很可能就会被企业淘汰。

二、法律风险管理的工具

律师为企业实施法律风险管理时，首先需要了解企业的法律风险在哪里，了解了企业面临的法律风险以后，律师才能帮助企业建立有效的法律风险管理制度。实务中，律师了解企业法律风险的主要工具有以下几种：

1. 问卷调查

问卷调查也是律师在其他工作中常用的工具之一，对于律师了解企业的法律风险来说尤其方便和重要，这种工具可以让律师将想了解的企业情况，都设计在问卷中，发放给企业相关人员。其好处是，避免了当面调查的尴尬和难度，匿名调查问卷更能获得企业的真实信息。

使用要求：

（1）问卷的设计要有针对性，需结合企业现实状况进行设计，不能使用所谓的通用文本。针对企业不同的部门，最好单独设计问卷，问卷中既有企业共同的问题，也有针对该部门的个别问题。

（2）问卷中问题的设计应当通俗易懂，尽量避免使用法律专业术语，防止被调查人员不理解题目随意作答，导致调查失真。

（3）向被调查人员说明调查的目的，解除被调查人员的思想包袱，确保获得真实数据。从作者自己的工作经历看，很多企业员工对这种调查还是持审慎态度的，他们往往出于多一事不如少一事的心理，应付调查。建议律师在调查前，在有条件的情况下，召开动员会议，让公司领导出面解释调查的目的。

（4）题目设计要科学合理，建议设计部分开放性题目。律师在设计问卷时，往往会遗漏一些情况，这是在所难免的，因为每一家企业都有自己的特殊情况。律师在设计问卷时，对企业的了解是很有限的，因此，为了避免出现遗漏，设计一些开放性题目很有必要。

（5）最好在现场访谈之后再设计问卷，这样可以使律师对企业有初步的了解，设计的问题更具有针对性，从而进一步弥补现场访谈的不足，获得一些不方便当面了解的信息。另外，律师通过现场访谈，也可以打消企业员工的疑虑，使企业员工真实地填写问卷。

2. 现场访谈

现场访谈是律师能够获得最直接、最真实信息的工具，通过现场对企业员工特别是管理层的访谈，可以让律师了解企业员工的法律风险意识以及企业现实中的做法。律师在现场还可以通过追问的方式，深入对问题的了解。现场访谈时，企业员工也可以通过向律师提出问题，了解律师工作的目的、步骤和方法，加强企业员工与律师之间的配合。

现场访谈也便于律师察言观色，判断访谈对象所陈述的情况是否有保留，更可以通过观察，看到企业员工对法律风险的认识是否到位。现场访谈还能使律师近距离观察企业员工的工作流程，企业内部的工作环境和工作氛围，判断企业的法律风险管理水平。

使用要求：

（1）进场之前要与企业沟通一次，了解企业的基本情况，让企业安排好律师要访谈的对象。这时的访谈对象应当以公司高管为主，大体了解企业情况，为下一步的正式访谈奠定基础。

（2）制作好访谈提纲，提纲中应当列明要访谈的对象和问题。访谈提纲的重要性怎么强调都不为过，这是因为企业在配合律师开展访谈时，往往是以打乱日常工作为代价的。因此，留给律师的时间往往是有限的，律师要想在有限的时间内，了解尽可能多的情况，就需要提前就想了解的问题列出提纲，而不能现场发挥。

（3）需要至少两名律师互相配合，做好访谈记录。两名律师在访谈时相互配合，一名负责问，一名负责记，并互相提醒，这样才能保证访谈的顺利、全面。

（4）控制好访谈时间。如前所述，不光企业会打乱日常工作，企业员工更是要放下手头工作来配合律师，如果律师控制不好时间，有可能会引起访谈对象的反感，不利于达到预期效果。

3. 书面审查

书面审查是指律师对企业提供的材料进行仔细审查，从中发现问题并分别进行归类、分析。

在对企业情况进行了解时，让企业主动提供材料是一种非常省时、省力的方法，但律师要对企业提供的材料进行仔细审查。有些企业在提供材料时，往往会避重就轻或者不按照律师的要求提供，另外，有些企业由于管理的原因，也可能无法提供全面的书面材料，这些都需要律师注意，从中分析判断。

使用要求：（1）结合企业情况，提前给企业提供材料清单。（2）对清单进行必要的说明，帮助企业联络人员清楚律师所需的材料。（3）根据访谈和问卷了解到的情况，及时提供补充材料清单，要求企业补充提交。

4. 实地调查

实地调查是律师尽职调查工作中一项重要的内容，也是律师了解企业情况的一项重要工具。为了弥补以上三种工具的不足，保证律师获得最真实、最有效的信息，实地调查是律师在尽职调查时必须要做的工作。但如果律师担任企业法律顾问，是出于了解企业情况的目的，这种方式可以作为参考，在必要时使用。如果律师认为，通过前面三种工具已经比较充分地了解了企业情况，可以不再使用这种工具。

实地调查的范围很广，特别是要核实企业提供的材料中涉及的内容，比如房产、土地时，要到现场实地考察状况。很多时候，企业往往在未取得审批手续的情况下就建设房屋，这种情况下，律师要特别提醒企业法律风险。

使用要求：（1）提前列好调查清单，准备好调查函。（2）了解当地政府部门的要求，必要时请企业给予配合。（3）做好拍照和记录工作。

以上是律师在了解企业情况时常常使用到的工具，这些工具能够帮助律师获得企业比较真实、全面的信息，为律师下一步进行分析、诊断提供依据，也为律师向企业出具切实可行的法律风险管理建议打下坚实基础。

三、法律风险管理的实施

1. 实施步骤

律师通过前面的工作，帮助企业制定出法律风险管理制度后，还要配合企业做好制度的实施。再好的制度，如果不能实施，也是没有任何作用的。实施的步骤包括：

（1）制度宣讲。法律风险管理制度制定完成后，必须要让企业全体员工都了解制度，只有他们了解了制度，才能自觉地执行。这个过程中，律师要配合企业做好制度讲解，对一些员工的疑问，要给予解答，做好辅导工作。

（2）明确责任人。任何一项制度的实施都会面临一定的阻力，律师要让企业充分认识到这一问题，明确强有力的责任人，负责制度的落实和实施。

（3）日常监督。日常监督是保证法律风险管理制度得到切实执行的必要措施。如果没有监督，制度在经过一段时间以后，就会被束之高阁，特别是法律风险管理制度，在某种程度上，会降低效率，让员工感觉到束缚。这个问题如果不解决，制度很快就会土崩瓦解。

2. 需要注意的问题

（1）取得企业负责人的支持。企业负责人是否支持法律风险管理制度的实施，直接决定了制度实施的成败。律师在法律风险管理制度实施前，一定要与企业负责人充分沟通，让企业主动实施法律风险管理制度，而不是把它被动地当成一项任务。只有企业负责人和管理层下决心实施法律风险管理制度，制度才能被顺利实施。

现实中，不少企业负责人在制度实施之初，劲头很足，决心很大，可是一旦在现实中碰到困难，特别是和企业效率发生冲突时，如果没有现实的紧迫性，往往会选择暂缓或变通实施法律风险管理制度。律师要充分认识到这一问题，及时提醒企业负责人。

（2）根据企业的实际情况，确定制度实施的广度和深度。企业的规模和经营状况、人员素质、管理模式，决定了企业在实施法律风险管理制度的广度和深度上是不同的，也是有必要区别对待的。律师不能指望一家连内部法务人员都没有的企业，能够建立和实施一套完整的法律风险管理制度。在这种情况下，律师所能做的是，配合企业对重大法律风险进行管理，建立一套简便、灵活的法律风险管理制度，让企业树立起初步的法律风险管理意识。随着企业的发展壮大，律师可以逐步配合企业实施更为完整的法律风险管理制度。对于管理比较规范，内部设有法务岗位的企业来说，律师要配合企业在更高层次上实施法律风险管理制度，帮助企业管理各种法律风险。

（3）尽量不要影响企业的正常经营。企业法律风险管理制度建立和实施的目的，是为了保障企业健康、持续地发展，在实施过程中，难免要和企业原有的做法发生冲突，牺牲一部分效率，设置一些办事程序。这些都会招致企业员工的反感，甚至反对。律师所要做的，是尽量不要影响企业的正常经营，在两者发生冲突的时候，律师需要在提示法律风险的情况下，为企业经营让路。必要的时候，则要修改制度，以适应企业的实际状况。

本书推崇的是循序渐进、层层推进的方式，反对休克式的方法。企业在实施法律风险管理的时候，律师要注意做好沟通和说服工作，让员工认识到法律风险管理制度实施的必要性和好处。

四、法律风险管理的反馈

反馈（feedback），是控制论的基本概念，指将系统的输出返回到输入端，并以某种方式改变输入，进而影响系统功能的过程。因此，系统要想不断改进，实现最优越的性能，必须要根据反馈的情况，不断进行优化。同样，没有任何一套制度是完美的，法律风险管理制度也一样，需要在实施过程中不断调整和完善。而调整和完善的依据，就是要根据反馈的情况来决定。律师所要做的，就是阶段性地与企业沟通交流，发现法律风险管理制度存在的问题，接受企业的反馈，对法律风险管理制度进行修正和补充。

当企业反馈的问题较多时，律师需要与企业负责人重新沟通，确定法律风险管理制度是否要做重大调整，并给出律师的建议。如果律师在这个时候不给予足够的重视，等到企业对律师表达不满时，很可能也就意味着律师要失去这个客户。

信息反馈的方式有很多种，本书推荐的两种方式是调查问卷和访谈。一是因为这两种方式比较容易实施，二是因为这两种方式获取信息比较有效。律师可以根据反馈的信息决定是否要调整服务方式。调查问卷见下表。

法律顾问服务满意度调查表		
非常感谢贵司对我所及律师给予的大力支持，为了完善我们的产品及各项服务，提高客户的满意度，烦请填写此调查表，我们将在日后的服务中进行改进。请在相应选项后的〇上勾选，谢谢您的帮助！		
律师专业度	满意〇	一般〇	不满意〇
律师回复及时性	满意〇	一般〇	不满意〇
律师服务方式	满意〇	一般〇	不满意〇
律师服务态度	满意〇	一般〇	不满意〇
法律培训需求	需要〇	不需要〇	不清楚〇

法律顾问服务满意度调查表			
您喜欢的沟通方式	电话○	邮件、微信○	面谈○
法律信息需求	需要○	不需要○	不清楚○
律师解决问题的能力	满意○	一般○	不满意○
律师建议的可行性	满意○	一般○	不满意○
其他意见			

第二节　法律顾问工作应服务于企业的商业目标

一、商业目标是企业的首要目标

这个问题看似不是问题，因为对于企业家来说，他们非常清楚自己企业的商业目标的。但一些年轻律师，或者是工作几年的律师，却往往认识不到这一问题，在为企业提供服务时，局限于单个问题的法律解决，没有与企业的商业目标有机结合。

商业目标是企业各项活动所要达到的总体效果，商业目标的实现与否，直接关系到企业的生存问题。企业的商业目标往往不止一个，其中既有经济目标又有非经济目标，既有主要目标，又有从属目标。它们之间相互联系，形成一个目标体系。在这个目标体系中，不同的目标在不同的阶段会处于不同的位置，企业会根据发展情况进行调整。经济学假设企业经营的目标是追求最大化的利润，长期发展中追求企业价值最大化。现实中的企业可能以市场份额最大化、企业成长速度最大化等为目标。因此，企业在不同阶段，商业目标可能是不同的。企业为了实现当前的商业目标，有可能会牺牲掉一些其他方面的利益。比如，一些上市公司为了做大业绩，可能会在短期内兼并大量企业，其中很可能一些目标企业是存在问题的，但这个时候，企业的商业目标就是法律风险管理主要考虑的因素，有时甚至会适当冒险。

二、法律顾问工作应服务于企业的商业目标

本书的观点是，法律顾问工作必须服务甚至服从于企业的商业目标，在两者出现冲突时，律师的任务是，提醒企业适当管理法律风险，尽最大努力去实现商业目标。再次强调，律师的任务是促进正常交易，而不是阻止交易。当律师连企业的正常交易都阻止时，法律风险虽然得到控制，但企业离破产倒闭也就不远了。

这个问题说起来简单，但当碰到具体问题时，却又极难下判断。比如，当律师将法律建议提供给企业经办人员后，经办人员很有可能对律师说，某律师，你提供的这个建议客户不接受，这个合同我还能不能签？这个时候律师应该如何处理？是放弃原则迎合企业还是坚持原则不放弃？本书认为，这两种方式都是不可取的，律师应当在充分了解交易背景后，结合企业的商业目标和法律风险，给出切实可行的建议。对于风险可控

的交易，应当在提示风险后，促成交易；对于风险确实不可控的交易，应当在表明观点后，交由企业作判断。

律师在给企业提供法律建议时，有时候不能仅仅从法律角度出发，很多情况下，还需要结合企业所处的市场地位、企业的目的以及企业的利益来综合考量。比如，有一些诉讼案件对企业来说，从经济成本上看是不合算的，但企业有时出于警示竞争对手，建立企业规章制度权威的需要，依然选择诉讼，不会考虑经济成本。但在一些事务中，特别是与客户发生纠纷时，如果是对企业而言比较重要的客户，企业一般都会选择让步，目的就是为了保住客户，能够继续合作下去。律师在遇到不同的情况时，应当了解案件的背景，综合考虑企业的各方面利益，给出对企业最有利的建议。

企业法律顾问工作服务于企业的商业目标。这要求律师必须注意从企业管理的角度看问题，只有这样，律师才能与企业融为一体，真正了解企业的需求，从企业的角度给出合理的法律建议。如果律师不能从企业管理的角度看问题，只是单纯地从法律角度给出建议，可能会导致企业与客户对簿公堂，那么很可能最终会损害企业的利益。此外，律师具备了企业管理知识以后，可以更好地融入企业经营之中，与企业负责人交流起来更顺畅，提供的建议更有针对性。

律师具备了企业管理知识，可以从整体上更好地理解企业的规划，也能发现企业在经营管理过程中出现的法律风险，而不是等到风险成为现实的麻烦才去解决。毫不夸张地说，企业所有的法律风险都是在经营过程中产生的，律师对企业经营了解得越深，就越能提供适合的法律建议，为企业的发展保驾护航。

当然，对于企业来说，经济利益是最重要的，是企业得以生存的根本。律师在为企业提供建议时，必须要计算经济成本。现实中，很少有企业单纯为了争个是非曲直去进行诉讼，一般都是围绕着企业的经济利益进行。可以说，只有商业目标实现了，企业才会有经济利益，那种赢了官司输了钱的事情企业一般是不会做的。

第三节　法律顾问工作还要考虑企业的税务成本

一、税务成本是企业的重大成本

对于任何一个企业来说，税务成本都是重大成本，都是在进行交易时不得不考虑的成本，特别是 2016 年全面营改增以后，企业如果不能取得抵扣发票，将会付出十分巨大的税务成本。律师在给企业服务时，必须对此给予重视。

举个例子，某甲机械销售公司在与某乙公司洽谈机械设备买卖时，给乙公司报价 350 万元后，乙公司提出发票可以暂时不要，待下月入账时再要，要求乙公司将报价分为两部分，产品价格和税金。乙公司将会先支付产品价款，待开发票前再支付税金。甲公司销售人员遂将价格分开，一部分是产品价格 299.15 万元，另一部分是税金 50.85 万元（17% 税率），并起草了合同。但是，甲公司销售人员在起草合同时，却并未将双方商谈的内容全部写进合同，只是将合同的产品价格写了进去，没有写明税金的问题。双方签订合同后，乙公司先支付了产品价款，甲公司也向乙公司交货。但到了第二个月，乙公司要求甲公司开具发票，甲公司要求乙方先支付税金，乙公司这时却提出，合同中的产品价格已经包含了税金，甲公司应当开具发票，乙公司不须再另外支付税金。

在这种情况下，甲公司就非常被动。由于我国施行的是价内税，如果没有特别说明，产品的销售价格是包含了税金的。双方在合同中没有作出特别约定，只是在谈判过程中做了沟通，在乙公司反悔的情况下，甲公司很难说明合同产品价格没有包含税金，甲公司将会面临十分巨大的损失。

当然，企业的税务成本并不仅仅如此简单，企业面临的税务成本除了流转过程中的增值税外，还有企业所得税、城市维护建设税、印花税、契税等重要税种。这些税种共同构成了企业的税务成本，对企业的经营、决策具有重大影响。

二、税务成本意识应当贯穿于法律顾问工作的始终

我国目前共有 18 个税种，分别是增值税、消费税、企业所得税、个人所得税、资源税、城镇土地使用税、房产税、城市维护建设税、耕地占用税、土地增值税、车辆购置税、车船税、印花税、契税、烟叶税、关税、船舶吨税、固定资产投资方向调节税（从 2000 年起暂停征收）。这些税种可以分为流转税、所得税、财产税。与企业日常经营相关的常见税种主要有增值税、城市维护建设税、印花税、关税、企业所得税、个人所得税。这些税种基本贯穿了企业生产经营的全过程以及企业年底利润的分配环节，对企业的影响巨大。

我们仅以所得税为例。对于股东为自然人的公司来说，假设企业当年年度净利润为 100 万元，那么，企业在向股东分红以前，首先要缴纳企业所得税 25 万元；再假设剩余 75 万元全部属于可分配利润，自然人股东在获得分红时，需要缴纳个人所得税合计 15 万元；最终，自然人股东的可分配红利共为 60 万元。

正是由于税务成本对企业影响如此之大，律师在从事企业法律顾问工作时，就应当将税务成本意识贯穿于法律顾问工作

的始终。特别是，企业在从事如下法律工作时，必须有税务成本意识：

1. 审查合同

正所谓交易产生税，合同决定税。合同对税的高低有着决定性的作用，律师在审查合同时，必须将税务成本考虑进去。就如同前面提到的案例，如果甲公司的销售人员在起草合同后征求一下专业人士的意见，相信不会导致如此被动的局面。同时这也提醒律师，在审查合同时不能仅仅做文本审查，应当与企业经办人员联系，了解交易背景和情况，从而提供恰当的建议。

实际上，律师针对交易起草的合同类型不同，也会决定着企业交纳不同类型的税种，而不同的税种，税率是不同的。比如，房屋租赁收入征收的税种和税率与设备租赁收入征收的税种和税率是不同的，律师如果在为企业设计合同时，没有将两者区分，一并放在厂房租赁合同中，就会导致企业多交税。

2. 为企业解决纠纷

当企业与客户发生纠纷时，解决的途径无非是协商或诉讼（仲裁）两种途径，而在进入诉讼（仲裁）时，双方一般也会进行协商。在这个过程中，律师提供建议时，也要考虑税务成本，不能仅仅考虑将业务纠纷解决，而留下税的尾巴。事实上，税务成本直接决定着双方谈判时的报价问题，如果一旦忽略，往往会造成重大损失。

例如：A公司与B公司因一套电子设备的买卖发生纠纷，双方在交易时，约定设备总价为200万元，A公司先支付了70%货款计140万元，剩余30%货款计60万元约定在设备验收合格后支付。后A公司以电子设备存在质量问题为由拒绝支付剩余货款，B公司遂将A公司诉至法院，要求A公司支付剩余货款。经过法院审理，认为 A 公司的主张不能成立，判决 A 公司向 B 公司支付剩余 60 万元货款。判决生效后，A 公司未主动履行付款义务，B 公司遂向法院申请强制执行。执行过程中，双方达成和解，A 公司向 B 公司支付 53 万元货款。B 公司收到货款后，原以为案件就此了结，但没想到，A 公司却找到 B 公司，索要 53 万元的发票。原来，B 公司只向 A 公司开具了 140 万元的发票，剩余的 60 万元并没有开具，在执行和解时，B 公司只考虑到再收回 53 万元货款即可，却忽略了发票的问题，而开具发票就意味着承担税收成本。无疑，B 公司实际获得的利益要大大低于 53 万元。

3. 为企业提供其他法律建议

律师在为企业提供其他法律建议时，也应当充分考虑税务成本，比如一些收购项目、房产转让、土地转让、企业设备转让。这些事项往往会牵涉数额巨大的税金，律师如果不考虑，会给企业造成很大的负担。

另外，税的问题一旦被忽略，如果构成逃税，数额较大的话，还有可能构成刑事犯罪，这种风险是企业绝对不能承受的，律师必须给予足够的重视。近些年来，企业因为税的问题被处罚，企业家因为税的问题被定罪判刑的都不在少数。律师如果自身对税务问题不够精通，建议寻找专业的合作伙伴，在遇到相关问题时，互相合作，共同维护企业利益。

三、税的问题不仅仅是经济成本问题

我们先来看一下刑法中和税有关的部分罪名：逃税罪（《刑法》第 201 条）、抗税罪（《刑法》第 202 条）、逃避追缴欠税罪（《刑法》第 203 条）、骗取出口退税罪（《刑法》第 204 条）、虚开增值税专用发票、用于骗取出口退税、抵扣税款发票罪（《刑法》第205条），这些罪名无一不和企业相关。可以说，企业在税上出现问题，轻则面临被追缴税款和罚款，重则面临刑事责任，企业负责人和相关人员也会涉及犯罪。

2013年，曾登上《福布斯》《胡润中国富豪榜》的前富豪王某生被法院认定挪用公款9300余万元，逃税1.7亿余元，单位行贿两名税务官员50万元，判处其有期徒刑7年，罚金3万元。湖北第一家大型民营航空公司——曾经赫赫有名的东星航空的老总，被套入逃税罪后被判四年。

所以，企业在税的问题上必须重视，而且要从刑法的高度上重视。

第四节　法律顾问工作要提供团队化服务

一、企业的全方位需求与律师专业化的矛盾

（1）团队合作的一个原因是，企业在聘请律师担任法律顾问后，会将所有法律事务均委托律师处理，遇到法律问题时，也会全部咨询律师。而企业面临的法律事务非常庞杂，单个律师不可能面面精通，这就需要具备不同业务专长的律师互相配合，为企业提供更专业的法律服务。一般来说，为企业提供服务的律师当中，应当包括以下领域的专业律师：劳动人事、公司治理、合同事务、知识产权、交通事故、刑事、税务、行政法。

事实上，很多企业在聘请法律顾问以后，咨询律师的问题往往并不局限于法律问题，很多其他方面的问题也会咨询律师。因为在他们的观念里，律师是能够解决多方面问题的。比如，一些企业会就人事安排、团队构建、经营模式等咨询律师的意见，希望律师能够结合自己的从业经历，提供一些好的方式

方法。

（2）法律顾问兼职的特点，决定了律师不可能只为一家企业提供服务，而如果为多家企业提供服务，律师的时间就难免出现冲突。在这种情况下，必须要有团队支撑。没有团队支撑的服务，不可避免地会出现律师分身乏术的情况，无法及时为企业提供服务，严重的甚至会给企业造成损失。

（3）专业化的单个律师很难满足企业的全部需求。如前所述，律师专业化是律师发展的必经之路，这是律师提高专业能力和服务水平的途径。但任何事物都有两面性，律师专业化的一个副作用是，律师对自己不熟悉的专业领域，往往无法提供法律服务。团队合作正好有效解决了这一难题，一方面满足了企业的需求，另一方面又可以让律师专心于自己的专业领域。

二、团队化服务的构建

团队化服务可以解决单个律师分身乏术和业务能力不足的问题，从而满足企业对律师的需要。阿图·葛文德在《清单革命》一书中说："团队的力量是巨大的。不再是单枪匹马，不再听命于唯我独尊的大师，而是依靠团队的智慧。一个人免不了犯错，一群人犯错的可能性会变得小一些。"但是，团队在构建时也需要注意一些事项，不能简单地拼凑人数，团队的有效运作是保证服务质量的关键。具体说来，构建团队化服务时应当注意以下问题：

1. 人员搭配合理

人员搭配合理，是指要根据企业的需求，团队成员中配备有相应专业特长的律师，如果团队成员中，律师的专业特长重复，是不利于给企业提供服务的。随着我国法律服务市场的日渐成熟，律师的专业化分工越来越细，然而企业的需求却会涉及合同法领域、税务法领域、劳动法领域、行政法领域、知识产权法领域、刑事法领域、金融法领域、投资并购法领域，甚至还会涉及婚姻家庭法领域、交通事故法领域、保险法领域。律师为了满足企业的上述需求，必须在团队中配备相应专业的律师，确保给企业提供合格的法律服务。

2. 专业分工明确

如上所述，由于企业的需求会涉及不同法律领域，需要团队中的成员各自掌握不同领域的法律知识，发挥自己的专业特长为企业服务，团队内部成员必须在专业上分工明确，不能都集中在某一个或某几个领域。团队内部专业分工明确，还可以避免内耗，更好地为企业提供服务。一般来说，专业分工要在团队人员搭配时就予以充分考虑，尽量在选择团队成员时，就按照专业分工来选择。

3. 成员相对稳定

律师这个职业有个特点，委托人在选择律师时，优先考虑的是律师个人的情况，其次才是律师事务所的情况。所以，在律师行业，客户基本是跟着律师走的，除非一家律师事务所的知名度非常高，否则很难在律师离开的情况下，继续和客户保持合作关系。这一特点就决定了律师在为企业提供常年法律顾问服务时，要尽量保持团队成员的稳定，最起码主办律师要稳定，否则很难和企业持续合作下去。

成员稳定带来的好处显而易见，一是降低了与企业沟通的成本；二是对企业的情况比较熟悉，可以保证服务的质量；三是律师团队内部也可以保持良好的合作；四是有利于律师对企业的发展制定有针对性的服务方案，保持对企业忠诚度。

相反，如果团队成员经常变化，会给企业带来很大的困惑以及上面所讲的反面害处，不利于律师与企业的合作。

4. 内部机制健全

任何一个团队都需要一定的纪律来维持正常运转，为企业提供法律服务的团队也是一样，内部必须建立一套健全的工作机制，让每一名成员都知道应该做什么、怎么做。这一套机制最起码应当包括以下内容：①工作流程与规则；②内部分工；③服务质量标准；④与企业的沟通机制。

第二章
企业法律顾问的开拓

之所以将此部分内容放在第二章，是因为本书作者认为，只有先明确了企业法律顾问工作的理念，才能确定开拓方案。在与企业沟通时，律师应当将自己团队的服务理念告诉企业，获得企业的认同。一旦企业认同了律师的服务理念，顾问单位的签约率就会大大提升。

企业法律顾问工作的现状是，大企业数量有限，且一般为资深律师垄断，年轻律师往往没有机会。而本书的目的，主要是为了帮助年轻律师，因此，这里所讲到的企业法律顾问的开拓，主要也是针对小微企业。事实上，最近这些年来，小微企业已经越来越多地开始聘请法律顾问，而这正是年轻律师的机会。由于小微企业法律事务相对较少，他们的购买力较低，这部分客户对于老律师来说，有点像鸡肋，而对于年轻律师来说，却是开拓业务，壮大自己的最好机会。当然，这些方式对大企业也是适用的，只是在具体开拓时，还要结合其他因素一起实施。

那么，律师该如何开拓企业法律顾问业务呢？

第一节　选择开拓方式

一、口碑式

在当前行业现状之下，口碑式仍然是开拓业务最有效的途径，一个朋友的介绍，一个熟人的推荐，一个客户的转介绍，顶过无数的宣传与广告。特别是企业，负责人一般具有相当的判断能力，再加上时间和精力有限，他们往往更借助于朋友的推荐，而不是自己去看广告，自己去找。因此，年轻律师在工作中应当特别珍惜自己的执业声誉，树立良好的口碑，不要做急功近利的事。

口碑式的好处是，律师的开拓成本很低，企业往往会根据朋友的推荐主动找上门，在与律师沟通后，如果没有大的问题，成交的概率非常大。当然，这种方式需要律师前期长时间的积累，通过日常的良好服务获得企业认可，才能逐渐赢得口碑。这实际上也是一种投入，只是投入的方式不同，而这种投入，更需要律师的坚持。

口碑式开拓或者说口碑式营销最初的形式，一般是通过亲朋好友以及老客户口耳相传的方式来进行，也就是我们常说的一传十、十传百。但近些年来，随着传媒行业的发展，口碑式营销也有了很多新的变化。比如，随着微信、微博等自媒体的出现，口碑式营销的传播范围得以大大扩展，特别是微信的分享模式，让口碑式营销在具备熟人间传播特点的同时，又大大扩展了传播范围，甚至可以一夜之间就天下皆知，这几乎就是公共媒体的传播特点。另一方面，口碑式营销"成本低廉，效果显著"的优势依然没有改变，甚至得到了加强。因此，绝对不要小看口碑传播这个在今天看上去有些原始的营销方式，其优点除低成本外，传播力量和范围绝对强大，绝不逊于甚至大大超过现代各种广告传播媒体。

主要原因是口碑营销具有两个独特的优势：

（1）倍增特性：美国著名推销员乔·吉拉德总结出的"250定律"，认为每一位顾客身后，大概有250名亲朋好友。如果我们赢得了一位顾客的好感，就意味着赢得了250个人的好感；反之，如果得罪了一名顾客，也就意味着得罪了250名潜在顾客。所以，如果有一个客户对律师的服务满意，按照这个理论，就会传播给250个客户。这一定律在今天自媒体的帮助之下，其传播效果更加巨大。

（2）高接受性：现实中，由于卖方和买方存在某种对立性，利益存在此消彼长的特点，所以卖方再美妙的语言与再多的广告，到了买方的耳中都会打折扣。买方在接收卖方的信息时本能地处于防卫与怀疑心态，广告效果一般很难达到理想状态。而口碑传播由于是老客户亲口所说，再加上熟人之间的信任，可以很好地获得潜在顾客的接受。特别是在中国，大多数人还是相信熟人的推荐，这可以大大降低律师的开拓成本，提高成交率。

谈到口碑营销，我们很多人存在认识上的误区，一些企业以为制造好的商品，让消费者满意，由此树立良好的口碑，使消费者口耳相传就是口碑营销。其实，制造高品质的商品，使消费者满意只是进行成功口碑营销的基础保障，这一点必不可少，但仅仅如此还是远远不够的。口碑营销作为一种营销形式，自然要包含很多市场营销的战术与实施技巧，但很多企业由此产生了另一个极端的认识：口碑营销就是制造一些事件、噱头来进行炒作，吸引公众的眼球。其实这些都是对口碑营销的片面认知与误解。口碑营销不仅仅是一个营销战术，我们更应该把它上升到战略的高度来对待。因为，在今天这个信息传播渠道众多，传播速度极快的时代里，一个口碑营销事件很可能迅速成就或毁灭一个企业、一个品牌，对于律师行业来说更是如此。因此，律师需要把口碑营销纳入到发展战略规划之中，用战略的思维方式与谨慎的态度来操作口碑营销。

二、圈子式

先声明一下，这里的圈子不同于社会上流传的小圈子、小团伙，而是一种律师开拓业务的方式。"圈子"指的是，拥有某种相同或相近的爱好、兴趣或特质的人组成的一种松散或严谨的非正式组织。圈子式开拓是指，针对这一类人群深挖他们的需求，以此为基础进行精准定位，并整合各类资源进行精准开拓活动。圈子式和口碑式密不可分，当一个人在圈子里没有良好的口碑时，是不可能获得圈内人认可的，自然也就不可能有所开拓。圈子的维护与培养，需要付出大量的精力，这需要我们具备最基本的人际交往和社交能力，如果一个人在与人相处时，不能让人感到愉快，那么他在这个圈子里也不可能获得认可。

圈子式开拓具有三个优势：

（1）精准性高：开拓对象是大大小小的圈子群体，并且该群体是从已经确定了的目标客户里深度挖掘出来的，他们具有很大的共性，很容易找到引起共鸣的话题。我们可以有针对性地设置开拓方案，这样在进行销售操作时针对性强、精准性高。

（2）示范性强：圈子式开拓是直接针对目标客户发生影响，从而通过这些圈子中的一个或多个成员对品牌起到强大推广作用。这种开拓方式往往可以批量成交，圈子内的人会互相影响和推荐，非常有利于律师的业务开拓。

（3）专业性高：圈子式开拓更加注重分析特定群体的需求，并采取专业的策略来满足特定群体的需求。由于这些群体的需求具有同质性，更有利于律师获得同类业务，从而促使律师在相关业务上投入更多的精力，提高自身的专业水平。律师从事某一类业务越多，自然越能在这个业务领域取得话语权。

因此，年轻律师应当努力加入各种圈子，在圈子内树立自己的良好形象。如果我们能得到一个圈子中人的认可，那么，这个圈内的人都会成为我们的潜在客户。当然，企业法律顾问客户的个别性，决定了我们要加入的圈子必须是企业家的圈子，而不能是其他的圈子。

律师在加入圈子以后，应当传播正能量，展现自己的良好专业形象，决不能给人留下专业不精、只会忽悠的印象。如果律师在圈子内只是做一些吃吃喝喝的工作，搞一些无用社交，那是很难在业务开拓上有所突破的。

三、广告式

按照主流说法，"广告营销是指企业通过广告对产品展开宣传推广，促成消费者的直接购买，扩大产品的销售，提高企业的知名度、美誉度和影响力的活动"。随着经济全球化和市场经济的迅速发展，在企业营销战略中广告营销活动发挥着越来越重要的作用，是企业营销组合中的一个重要组成部分。而且，随着互联网和社交工具的发展，再加上新兴媒体不断涌现，广告投放的平台也在不断发生变化，传统的平面媒体正在迅速丧失优势，新兴媒体正在获得越来越大的市场份额。

那么，广告式开拓是否适合律师呢？

广告式不作为重点推荐给大家，更不推荐律师自己做商业广告，这里建议的是多做公益事业，通过公益广告或报道的形式，来提高自己的知名度，获得企业认可。当然，如果你的开拓对象是企业，所从事的公益事业最好也和企业相关，或者，最起码和商业相关。作者一直认为，单纯的商业广告效果是很差的，也不符合目前社会公众对律师的认知。尽管律师这个职业是自食其力，但社会公众还是给律师赋予了很多社会责任，很多人把律师当成正义的化身，维护法治的力量。因此，律师应当将公益事业当成自己工作的一部分，多从事公益活动，通过公益活动来提升自己。

四、讲座式

讲座式不是每一个人都适合，这种方式需要律师具备讲课的最基本能力，讲课时能够获得听众的认可。《塑造知名度》一书也认为："在大多数领域，有志者首先得拥有最起码的技能，之后才有必要考虑其他影响知名度开发的要素。"当然，讲课的风格可以多种多样，但作为律师来说，专业性是必不可少的。这里的讲座主要针对企业负责人和高级管理人员，而他们是足够挑剔的，如果我们不够专业，得到他们认可的可能性是不大的。

讲座式的另一个问题是要有讲的机会，很多年轻律师往往是得不到这种机会的，这需要个人努力去创造，比如加入一些商会组织，通过与商会联合举办的形式，争取讲座机会。在平时也要多参加律师协会、司法机关组织的一些公益讲座，通过公益讲座，既帮助了别人又锻炼了自己，是利人利己的好事，律师应当多参与。

讲座式更容易树立起律师的专业形象，一般来说，当我们能够站到台上去演讲时，就具备了一种心理上的优势，台下的观众会从心理上不自觉地认为，台上讲课的人就是专家。但是，律师讲座的内容又不能太专业，要讲企业家们能够听得懂的内容。以作者的经验来说，律师一定要对讲座的内容进行梳理和加工，用生动的语言来解释专业、枯燥的法律知识，多结合律师代理的真实案件，让企业家通过案例来学习法律知识，认识法律风险。

五、著作式

这种方式对律师的要求更高，但效果也更好，律师一旦有了自己的著作，特别是和企业法律服务相关的书籍，开拓成功率会大大增加。出版著作是一项需要长年积累的工作，如果我们暂时不能出版，本书的建议是，我们可以将相关内容整理印刷成小册子，或者以相关问题、案例汇编的形式，来体现我们律师的工作成果和专业水平，这样也可以得到企业某种程度的认可，从而提高签约率。

著作式也可以简化为书面成果式，也就是我们在日常的工作中注意总结和归纳，将自己承办过的案例，梳理过的法律知识，总结过的办案技巧，都可以整理成册，以书面成果的方式呈现出来，做到成果的可视化。这种方式相比于仅靠口头宣讲，效果要好得多。

著作不但可以让律师在客户面前树立起专业形象，也可以在同行中树立起专业形象，律师获得同行认可后，也是可以获得大量案源的。现实中，相信不少律师都有将一些业务介绍给同行的经历，我们在选择合作律师时，肯定也会考虑到对方的专业度，首选在行业内有一定影响的律师。因此，这种方式对一些高端、前沿业务特别适用，律师一旦在这些领域率先出版了著作，就可以占领行业制高点，获得行业领域内的大量案源。

六、扫楼式

扫楼式是指从写字楼（居民楼）的底层（顶层）开始，一层一层、一家一家地"拜访"，从而推销自己的产品或服务，此种营销方式称为"扫楼"。扫楼式也是一种不重点推荐的方式，但对于不具备其他条件的年轻律师来说，也是一种可以尝试的方式。本书的建议，年轻律师在进行扫楼前，要有所准备，不能只带着名片和一张嘴去扫楼，还要多准备些材料，比如：律所的宣传材料、成功案例（可视化成果）以及对企业尽可能多的了解。

扫楼式的开拓方式并不是没效果，律师如果结合驻点法律咨询的方式进行，也会获得部分案源，只是这种方式比较消耗时间和精力，适合没有案源但有时间和精力的年轻律师。

第二节　前期准备

一、对开拓对象做事先了解

1. 了解开拓对象的重要性

有一篇报道曾经引起本书作者的极大兴趣和震惊，那就是，中国正在成为国外间谍的狩猎场，据称有数万间谍常年在中国收集各种各样的信息。那么，这些国家收集信息的目的是什么呢？无非就是了解中国，以便他们针对中国采取合适的应对策略，这说明了了解对方的重要性。

海湾战争开始之前，美国中央情报局的间谍就已经拍下了伊拉克首都巴格达的每一栋建筑的照片，这让美军在战争开始时，一举炸掉了伊拉克军方的通信系统，让伊拉克军队陷入了通信上的障碍，从而为美军的胜利奠定了基础。为了获取各种各样的信息，美国中央情报局也付出了巨大的成本。1997年10月，中央情报局50年来第一次公开财务预算情况，我们吃惊地看到，即使在美苏冷战结束之后，中央情报局每年用于收集信息的预算还是高达266亿美元。

这一切都说明，收集对方信息，了解对方情况的重要性。律师在与开拓对象沟通之前，尽可能多地了解开拓对象的信息，无疑也会起到非常重要的作用，它能让律师采取有针对性的策略，满足开拓对象的需求，促进成交。

美国作者罗杰·道森在其所著的《优势谈判》一书中更是提出了"信息力"的概念，他认为"对信息进行保密则会形成一种威慑力"。我们律师对这个概念特别容易接受。当我们在调解一个案件或参与一项谈判时，如果对对方的条件一无所知，不知道对方会提出什么要求，我们就会陷入被动，甚至恐慌，因为我们无法准备有针对性的谈判策略。相反，如果我们能够了解对方的条件，哪怕是大致的范围，我们也可以轻松得多。

尽管信息收集是一项非常重要的工作，可很少有人会在与开拓对象洽谈之前，多花点时间去了解对方。我们都知道，一个不会开车的人，是不会在学会开车之前就去驾驶汽车的，可是却有很多人，在没有了解开拓对象之前，就去和开拓对象洽谈，而白白浪费了很多机会。

2. 了解的内容包括但不限于以下方面

（1）企业名称。律师获得企业名称以后，就可以通过一些方法查询到企业的基本情况，包括下面提到的企业所处行业以及大致涉及的产品或服务，还可以查到企业的部分涉诉信息、知识产权、股东、法定代表人以及其他一些信息。这些查询工具常见的有国家企业信用信息公示系统、企查查、启信宝、天眼查等。

（2）企业所处行业。企业所处行业如果比较特殊，这一点就特别重要，因为企业所遇到的法律问题，很可能是律师不熟悉的。我们如果不能提前了解相关行业的法律法规，面对企业提问的时候，往往会陷入很大的被动。比如电梯生产行业，我们国家有专门的《中华人民共和国特种设备安全法》，该法对特种设备的生产（包括设计、制造、安装、改造、修理）、经营、使用、检验、检测和特种设备安全的监督管理，作出了专门规定。律师如果不了解这个行业，仍然按照一般行业去对待，就可能会犯下很多错误。

（3）产品或服务。企业的产品或服务，决定了企业所面临的主要法律问题，律师了解信息以后，可以提前作出预判，针对该产品或服务的生产、销售、售后服务等各个环节，准备相应的法律知识。

（4）市场。企业的市场不同，所需法律服务也不同，一个只做国内市场业务的企业，是不需要涉外法律服务的。同样，一个专注于国外市场的企业，则会对涉外法律服务有巨大的需求，律师要提前作出判断，组建相应的团队去与企业洽谈。

（5）企业目前所处阶段。一个初创期的企业和一个成熟期的企业，所需要的法律服务也是不同的。初创期企业由于主要关心业务发展，他们面临的主要法律问题一般是合同法律知识。而一个成熟期的企业，所需要的法律服务可能是全方位的，涉及面会比较广。

（6）企业面临的法律问题。从本书作者个人的经验来说，企业在寻找法律顾问时，往往都是因为碰到一些现实的法律问题，有了购买法律服务的迫切需求。所以，建议大家在接收到企业的需求信息时，不妨多在电话里聊几句，问问企业目前碰到的法律问题是什么，以便提前有所准备，不要被企业问倒。

（7）负责人个人情况。企业负责人的个人情况，也是律师要了解的内容之一，而且是比较重要的一个方面。这是因为企业负责人是有权决定是否与律师签约的人，律师如果不对企业负责人进行了解，很可能会在洽谈时陷入被动。比如，企业负责人是一个比较善于言谈的人，律师就要跟上他的节奏，反之，律师则要准备相应的话题，并适当调节洽谈的气氛，让洽谈能够顺利进行下去。

正所谓"知己知彼，百战不殆"，以上这些信息了解以后，律师对企业和企业负责人就有了初步了解，在沟通时就可以有的放矢，对一些法律问题，也可以提前做好准备，防止被问到时解答不上来。另外，对企业的情况做些了解，也便于在沟通时创造一些话题，避免只是就法律谈法律，无法与企业的实际情况结合到一起。如果律师服务的客户中，有和开拓对象处于同行业的，无疑会给律师加分不少，大大增加成功率。从这个意义上说，团队合作也是必需的，一个律师所能接触的行业毕竟有限，所有团队成员接触到的行业则可以大大增加。

二、准备书面材料

1. 结合企业实际情况，准备服务方案

在这里，要重点说一下服务方案的问题。服务方案可以有一个针对企业一般情况的通用方案，但当面对具体的一个客户时，我们必须做出有针对性的服务方案，特别是，如果客户所处的行业比较特殊，或企业的情况比较特殊，更要量体裁衣，做出适合客户的方案。这一点准备充分了，可以大大增加成功的概率。服务方案应当包括以下内容：①企业所处行业的常见法律风险分析；②服务范围；③工作方式；④律师事务所；⑤律师团队介绍；⑥报价。

以上六部分内容是必不可少的，律师可以根据具体情况决定是否再添加其他内容。服务方案只有做成这样，对企业才是有吸引力的，如果只是泛泛而谈，是引不起企业兴趣的。

示例：

山东××律师事务所

法律顾问服务方案

目　录

致：敬启者

感谢贵司对××律师的信任。现针对贵司日常工作中对法律服务之需求结合山东××律师事务所法律服务团队之业务特长，提出以下整体服务方案：

一、企业面临的法律风险

"牟其中、杨斌、仰融、周正毅、顾雏军、唐万新、周小弟、田文华、兰世立、黄光裕、黄宏生、李途纯，徐明……"据不完全统计，近十多年来至少有上百名有影响的民营企业家落马。其中担任过全国人大代表、全国政协委员职务的至少有

15 人，福布斯或胡润百富榜上榜富豪至少有 23 人，曾获全国劳动模范、全国五一劳动奖章、优秀民营企业家、三八红旗手、风云人物、杰出青年等荣誉的超过 40 人，身家过亿或者号称身家过亿的富豪过百人（人民网）。

他们落马的原因何在？

落马后，他们的企业命运为何也不尽相同？

随着我国市场经济的建立和世界经济全球化浪潮的汹涌而来，国内的经济环境已经发生了很大的变化，决策靠以前那种"眼光加胆量""人脉加关系"的办法已经远远不够，任何决策都要保证具有合法性和法律上的可行性。律师正以前所未有的规模和速度进入商业领域，成为商业领域中不可或缺的角色，律师使企业在法律和政策允许的范围内获得最大的效益和最快的发展，使企业能走得更远。

今天，企业来自法律的风险有时远远大于来自市场的风险，看似微小的疏忽则可能要以惨重的代价来弥补。而随着中国法治的进一步完善，企业为尽可能地降低经营中来自法律方面的风险，越来越多的事务需要专业律师的参与。

二、山东××律师事务所简介

此部分为律师事务所的介绍。

三、法律服务团队简介

××律师事务所目前实行主办律师负责下的团队合作制度，成立专门的法律顾问服务团队，为委托人提供全方位的法律服务。众所周知，任何一名律师都不可能通晓全部法律事务，任何一名律师都有自己的业务专长，××律师事务所充分发挥执业律师数量众多，各有专业优势的特点，整合所内资源，在指定一到两名承办律师为委托人服务的前提下，在委托人遇到重大法律问题时，将整合全所资源，为委托人"会诊"，出具最优法律服务方案，维护委托人利益。

我们的团队中，既有执业十多年、经验和人脉丰富的老律师，也有青春朝气、高学历、专业化的年轻律师，他们互相配合，互相合作，发挥各自专长，为委托人提供优质高效的法律服务。

四、服务范围

我们已为您准备的专业理论与技术支持：

针对贵司所处行业特点，××律师选调资深专业律师以我国现行出台的法律法规为基础，从行业中最为主要的合同管理、人力资源管理、公司规章制度建设等方面入手，建立一套以商业风险管理部门为领导，统筹风险管理制度、平台的建设，专业化地建设企业对风险的认识、评价、处理能力的法律风险管理体系，以应对商业市场风险。

我们将为您提供的整体法律顾问服务：

（一）日常法律事务

（1）企业常见法律问题的咨询和建议；

（2）企业员工个人涉及法律问题的咨询和建议；

（3）参与起草、修订企业合同管理制度，规范合同的管理与使用；

（4）参与合同谈判，制定谈判策略与方案，起草和审定商务合同；

（5）参与起草、修订企业人事管理制度，规范员工的招聘、培训、福利等劳动人事管理；

（6）参与起草、修订企业财务管理制度，杜绝财务管理的漏洞；

（7）参与起草、修订企业运营管理制度，压缩企业运营成本，提高工作效率；

（8）为企业起草其他规章制度、条例或法律性文书，以起到增强企业本身素质、使经营活动符合法律要求、内部管理纳入法制轨道的作用；

（9）为企业起草、审查商事合同、劳动用工合同，预防合同纠纷的发生；

（10）对企业管理层进行法律辅导，增强管理人员的法律意识；

（11）对企业员工进行法律培训，提高员工的法制意识，保障企业规章制度得到贯彻执行；

（12）对新注册企业工商登记资料、企业章程等法律文件进行起草、审核；

（13）对企业的商标注册、专利申请等与知识产权相关法律事务提供律师建议；

（14）对涉及企业工商管理和税收法规等法律事务提供律师建议；

（15）对企业重大经营决策提出法律意见，重大项目进行法律分析论证；

（16）列席企业董事会，对董事会议题涉及的法律问题进行分析论证；

（17）对企业的法人治理结构（包括董事会结构、股东会结构、监事会结构）的合法性提供律师建议。

（二）非诉法律事务

（1）参与企业的合并与分立活动，对其法律可行性和可操作性进行论证，具体的法律文件的起草、审订，参与整个活动的谈判和监督执行。

（2）参与企业招标投标活动，参加项目谈判，对招标投标活动出具法律意见书以及参与制作项目标书。

（3）参与企业的股份制改造或资产重组，出具法律意见书和起草、审核相关法律文件。

（4）参与企业收购与反收购，配合企业进行法律论证分析，起草审核相关法律文件并处理相关法律事务。

（5）参与投资项目的选择、谈判，设计投资方案，协助寻找投资机会和投资伙伴。

（6）参与融资租赁、资产转让等其他重要经济活动，处理相关法律事务。

（7）为企业进行有关的企业资信调查，并出具调查报告。

（8）为企业的法律行为和法律事实出具律师见证书。

（9）为企业的企业设立、股权转让、增资减资、招标投标、合并分立、清算注销、资产重组、改制上市等全面提供法律服务。

（10）为企业办理各类公证提供法律咨询服务。

（11）为企业办理工商、税务、海关、房管、商标、专利等登记、注册、转让和报批手续提供法律咨询服务。

（12）协助企业办理信贷、抵押贷款、商业贷款、专案融资、融资租赁及其他筹资事宜的法律事务。

（13）为企业办理房地产开发、土地征用拆迁补偿、土地使用权出让转让、一、二手楼宇买卖、楼宇按揭、租赁抵押、产权登记过户等房地产业务涉及的有关手续提供法律咨询服务。

（三）诉讼法律事务

（1）接受企业委托，代理企业进行民事、经济纠纷的调解、和解。

（2）接受企业委托，代理企业进行民事、刑事、经济和行政案件的诉讼。

（3）接受企业委托，代理企业进行经济、劳动和涉外案件的仲裁。

我们的工作记录和监督方式：

我们将为贵司建立专门的档案，将每年的工作装订成卷，供顾问单位监督律师的工作。这种工作方式，同时也为企业建立了一份详细的法律档案，在企业遇到法律事务时，只要查询案卷，就会对法律事务的前因后果有清楚的了解，方便律师从法律角度深入地了解案情，为企业提供更具针对性的法律建议。

我们针对法律顾问工作制定了《××律师事务所企业法律顾问工作服务质量标准》和《××律师事务所企业法律顾问工作规则》，每位律师在担任企业法律顾问后，都会按照工作标准和工作流程为企业提供法律服务，以保证服务的质量。同时，所里将会和顾问单位一起对律师的工作进行监督，满足顾问单位的法律需求。

五、服务团队

此部分内容为对律师服务团队成员的介绍，建议突出每位律师的专业特长。

六、工作方式

××律师法律顾问团队采取"专人负责，全所配合，统一管理"的服务理念，为企业提供全方位专业法律服务。

具体包括：

（1）本所指派顾问律师专人或专门成立顾问小组为贵司提供法律服务。

（2）定期与贵司相关负责人会晤，对企业经营、管理活动及时提供法律意见和方案。

（3）针对反馈意见形成动态法律体系管理，全面了解现状，以便及时有针对性地提供法律服务。

（4）贵司可随时与顾问律师联系，咨询法律方面的问题。

（5）顾问律师可通过电话、传真、面谈、电子邮件等方式开展工作。

（6）如贵司有特别要求，双方可协商确定。

为贵司提供的法律服务不仅仅限于以上表述，其他与之有关的更深层次、更细微的法律问题，均在××律师的视野之中。相信贵司在××律师提供法律服务的帮助下，定能更上一层楼，圆满实现自己的理想利润！

七、费用

常年法律顾问费年费采取协商的方式确定，服务内容包括公司日常经营管理中涉及的各项非诉法律服务。当贵司涉及诉讼、仲裁业务时，我所依据《××律师收费管理办法》的规定优惠收费，具体数额双方商定。

如果我所能够与贵司合作，具体律师服务的内容及费用我们视具体情况及贵司的要求适时调整我们的服务方案。

八、××寄语

正如只有商人而非律师能够透过尘雾觅得商机和利润一样，同理，也只有律师而非商人才能够从字里行间发现法律漏洞和法律陷阱。××律师提醒您：企业应当习惯于将法律顾问用在点子上，用在日常司空见惯的商务活动中。

在企业作出重大决策时，××律师为您"择优弃劣"；

在企业面临种种法律陷阱时，××律师为您"趋利避害"；

在企业的合法权益遭受侵害时，××律师为您"惩恶扬善"；

在企业遇到燃眉之急时，××律师为您"雪中送炭"……

××律师，助您成功！

2. 携带律所宣传材料，借助律所的品牌影响力

一个律所的资源肯定比一个律师的多，借助于律所的宣传材料，可以让客户增加对律师的信任感，同时，也可以给客户留下律所提供团队合作的印象。而且，客户往往也会从这些细节上判断律所是否足够强大和规范，如果一个律所连自己的宣传材料都没有，还能指望这个律所的实力很强吗？

律所的宣传材料建议制作得精美一些，切忌做得像街头发放的宣传单，一定做出律所的特色和气质来。

3. 多准备几个成功案例

讲故事永远比直接推销效果好得多。我们都知道，只要一提起海尔，大家都会想到砸冰箱的故事，海尔靠这一个故事，就让海尔品牌一炮打响，而且，这个故事，一讲就讲了这么多年。对于律师来说，我们的故事就是成功案例，一个案例就是一个故事，律师在面对企业的时候，如果只是讲自己的专业知识和能力，企业往往很难判断，但如果律师能讲出几个成功案例来，企业就可以很形象地了解律师了。

4. 法律顾问聘用合同

律师所做的所有工作都是为了签约，自然是要准备法律顾问聘用合同的，如果谈到最后，企业决定聘用律师的时候，律师却没带合同，该是多么遗憾的事！

5. 收费标准

这里的收费标准是指，除了前面服务方案中提到的顾问费之外的报价。目前，企业在聘请法律顾问时，普遍采用的方式是，每年的顾问费只是日常服务，如果遇到诉讼、仲裁以及其他重大非诉讼业务时，都要另外收费。因此，律师应当准备一份收费标准，而且，一般还要约定在遇到具体案件时，给予企业一定优惠。收费标准很难统一，每个律所、每个律师都不同，

面对不同规模企业的时候，收费更是没法统一，律师在这方面，可以根据当地市场行情、律所知名度、律师知名度、企业规模以及企业能接受的价格来综合衡量，最终确定合理报价。

很多律师不太重视以上问题，去的时候往往只带着一张嘴去谈，这种情况下，很难让客户对我们有一个深入的了解。特别是年轻律师，由于自身资历尚浅，在很多方面并没有很多可供客户欣赏的资本，那么，不妨将上述资料准备一下，去的时候带着，让企业负责人有个直观的印象和深入了解的机会。

同时，这些资料的准备，也可以给客户留下律师事务所很专业、律师也很专业的印象，有利于进一步的沟通。

三、个人形象准备

1. 着装得体，体现律师专业形象

着装的重要性无须多言，律师作为一个特殊的职业，在社会公众心目中普遍有着专业、可靠的形象，如果我们的着装与公众的期待差距过大，会导致非常不好的后果，在客户心目中的形象会一落千丈。

我国一直以来流传这么一句话，叫作"人不可貌相，海水不可斗量"。讲的是，不应当以一个人的外表去衡量一个人的才能。现实中也确实有很多相貌平平的律师其实都很有水平。然而，在当今社会，尤其作为执业律师，如果再把这句话作为金科玉律就要吃亏了。

应当说，不光我们律师，很多人在平常也都不大注意这个问题，我们的传统教育也一直教育我们要注重内心的修养，而不是华丽的外表。再加上新入行的律师往往经济压力较大，置办一身不错的行头，确实花费不少。但是，在激烈竞争的职场上，这无法成为理由。穿着不得体，非常有可能影响客户对你能力的判断。

律师是专业人士，外表和行为举止当然重要。如果客户和你很熟悉、对你很信任，外表可能不那么重要。但是，多数情况下律师需要结识新的客户。在客户不了解我们的情况下，我们给他的第一印象就非常重要了，客户对我们的信任经常就是从我们的仪表开始确立的。

2. 名片

关于名片无须多说，一张专业的名片，可以让客户在瞬间了解一个律师的基本信息。因此，名片上的信息至关重要，他是一个律师留给客户的第一印象的重要组成部分。名片在印刷时，尽量采用律所的统一格式，这样能够给客户留下律所管理规范、企业文化良好的印象。我们无法想象，当一个律所的两位律师一起去拜访客户时，拿出的名片却是两个不同的版式的情景。

3. 沟通方式，应当选择体现律师专业水平和能力的沟通方式

戴尔·卡耐基曾说："一个人成功的因素，归纳起来15%得益于他的专业知识，85%利益于良好的社交能力。"每个人都有自己的沟通方式，但作为一名律师来说，在体现专业性的基础上，根据客户的个人风格，选择适合的沟通方式是必需的，也是促进业务成交的重要辅助手段。因此，我们应当在沟通方式的选择上下一些功夫，避免出现沟通不畅的情况。

律师这个职业，不但是一个需要具备专业知识的职业，还是一个需要具备良好沟通能力的职业，如果与客户沟通不好，同样会影响客户对律师的信任。所以，掌握基本的沟通技巧也是律师的技能之一。

第三节　业务洽谈

一、充分了解企业需求

正所谓"知己知彼，百战不殆"，律师要想取得企业的认可，提供企业满意的法律服务，首先要做的就是充分了解企业需求。对于不同行业、不同类型、不同阶段的企业来说，他们需要的法律服务是不尽一致的，律师对此要有清醒的认识。比如，对于一个处于初创时期、企业员工只有二三十人的微型企业，律师如果跟企业大谈制度建设和规范化治理的重要性，很可能不会取得企业的认可，因为企业这个时候最需要的，是律师帮助企业处理急需解决的问题，在此基础上，适当提出一些规范化的建议即可。对于这种企业来说，律师拿出一个庞大的规章制度和繁琐的操作规则，企业是无力实施的。

另外，对于不同行业的企业来说，需求也是不同的，如果律师对一个只是从事贸易的小企业大谈知识产权战略，企业认可的可能性也很小，因为对于这种企业来说，最需要解决的无非就是三件事，一是与客户之间的法律事务，二是与供应商之间的法律事务，三是内部劳动人事法律事务。这其中，外贸型企业和内贸型企业又不一样，外贸型企业以后两种事务居多，内贸型企业则相对均衡。律师首先要做的，是在这几方面给企业提供优质法律服务。

实际上，企业的需要还和企业负责人的个人风格紧密相关。本书作者在给顾问单位服务时发现，对只抓主要方面的企业负责人，律师就要避免与其讨论过多的细节，他很可能只是想知道一个案件的处理方案，对于具体的实施细节，一般不会过问，会全权委托律师或者下属去办。有的企业负责人则喜欢事无巨细地过问清楚，这种情况下，律师就要准备得比较充分，与企业负责人就案件的处理方案、实施细节均进行深入的沟通，取得企业负责人的认可。对于不同风格的负责人，律师在日后的服务过程中，也要采取不同的策略，适应企业负责人的习惯，提供针对性的服务。

二、针对现状，先提供法律建议，最好结合成功案例

这一点对于律师能否与企业建立合作关系特别重要，也是企业评价律师业务能力的一块试金石。在现实中，凡是准备聘请法律顾问的企业，一般都是面临法律问题需要解决，他们在与律师洽谈时，会带着问题谈，律师的解答能否让他们满意，是律师能否成功的关键。所以，在这种情况下，律师就要给予专业的解答，如果能举出一个类似问题的成功案例，那么，成功的把握就很大了。

为了应对以上情况，建议律师在去企业洽谈之前，尽量先了解一下企业目前面临的法律问题，准备好应对方案，避免被现场问住的情况出现。

三、展现自己的业务优势，取得信任

律师，特别是年轻律师在向企业推介自己时，应当避免给企业造成什么都懂的印象。因为在现实中，企业面临的问题方方面面，律师不可能都懂，有些问题是需要团队合作或者事后研究的。在此，本书的建议是，律师要展现自己的业务优势，让企业信任律师的专业能力，同时又避免给企业造成律师是万能的这一印象，为日后顺利合作打下良好基础。

律师在介绍自己的业务优势时，应当避免夸夸其谈，最好选择"讲故事"的方式，将自己承办的经典案例向企业进行介

绍，这种方式便于企业负责人直观地了解律师的业务能力，也便于双方之间的沟通，能够起到非常好的效果。

当单个律师的业务优势无法满足企业需求时，律师就需要展现团队的业务优势，让企业看到律师团队的服务能力。因此，律师在洽谈顾问单位时，最好不要一个人前往，避免给企业留下单枪匹马的印象。当两个律师，甚至三个律师一起去企业洽谈时，就会比较直观地给企业留下团队合作的印象。在介绍业务优势时，将每名律师的业务优势均向企业做主要介绍，通过团队的组合，让企业感到能够将法律事务委托给律师。

四、介绍服务模式

企业在与律师洽谈时，很关心的一个问题是，律师能为企业做什么？如何做？这就需要律师详细介绍服务模式。服务模式的介绍非常重要，它决定着律师能否给企业留下专业的形象，决定着日后律师为企业提供服务的内容，决定着律师日后能否顺利开展工作。服务模式介绍清楚后，能够避免日后出现企业对律师提出过高要求，而律师又做不到，从而造成矛盾的问题。同时，如果企业能够认同律师的服务模式，也有利于建立合作关系。

需要指出的是，不同的企业对服务模式也是有不同要求的，一些规模比较大的企业，他们的要求会比较全面，一般希望律师的服务模式比较专业，能够满足企业的规范化管理需求，同时还要及时满足企业需求，最好是团队服务。而对于一些小微企业来说，企业负责人一般希望的是固定一个律师，能够随时与其对接，帮助企业处理遇到的法律问题就行。律师如果将服务模式介绍得过于复杂，他们反而会不感兴趣，很有可能会认为是纸上谈兵，没有实用性。律师对此要给予足够的关注。

五、洽谈收费

收费是双方都很关心的问题，也是必须要谈的问题。律师在谈收费时，应当注意给企业留下律师事务所统一收费且有明确收费标准的印象，避免给企业留下随意收费，浮动空间很大的印象，后者非常不利于律师收费，也容易使企业不尊重律师的劳动成果。本书建议律师结合服务内容、方式谈收费，避免泛泛而谈。

律师在进行收费时，应当遵守律师事务所的统一规定，避免太随意，我们应当共同维护我们这个行业的良性竞争，避免恶性竞争。

六、结合企业负责人性格特点，选择洽谈方式

律师能否与企业合作成功，取决于企业负责人的决定，因此，律师在洽谈时，也要掌握一定的谈判技巧，充分了解企业负责人的性格特点，选择合适的洽谈方式。作者建议律师在洽谈之前应当了解企业负责人的性格特点、教育背景、管理风格、做事方式，掌握这些信息以后，律师在与其沟通时，才能游刃有余，否则极可能陷入被动。

这方面作者曾经有过教训。数年前，作者与一家企业洽谈法律顾问事宜，由于前期未能对企业和企业负责人进行详细了解，去到以后在洽谈过程中才发现，企业的负责人是一个十分强势的人，比较有主见，也比较固执，对律师存在一些偏见。由于没有准备，作者在一开始的谈话中十分被动，一直被对方掌握着谈话的主导权，甚至一度发生争执，整个洽谈过程十分

不顺畅，虽然最后也达成了合作。但由于第一次谈话效果不理想，为以后的合作留下了不少障碍，用了相当长的时间去消除对方对律师的偏见。该企业负责人更曾明确向作者提出，希望在处理企业的法律事务时，态度强硬一些，不能过于温和。在后来的一些事情处理过程中，作者也发现这位企业负责人，很少妥协，往往会坚持到底。在这个过程中，他也希望律师与其一样，不要轻易向对方妥协，不要轻易接受调解，律师只能调整以前做事情的思路，与这位负责人保持一致，在保证企业利益最大化的同时，采取较为刚性的处理办法。

第四节　后续跟进

简单来说，后续跟进就是及时与企业负责人联系，签订顾问合同。

首先，我们得明白一个事实，不是报价了或洽谈了就会成交的，后续跟进是非常重要的环节，也是促进成交非常有效的方法。据美国营销协会的一项数据调查显示：80%的销售来源于报价后第 4 至 11 次的跟进。事实上，我们律师与企业洽谈法律顾问，也就是将我们自己营销出去的过程。

其次，从销售的一般规律来说，根据一些统计数据，能在第一次拜访中就成交的比例只占 5%，也就是说，后续跟进成了销售中最主要的工作。一般来说，企业只要有需求，不会不考虑聘请法律顾问，这就需要我们不断掌握跟进方法和技巧，尽量促进成交。销售有时很简单，我们只要搞清楚客户为什么不要我们的产品/服务？他的理由是什么？然后用什么方法来说服客户接受我们的产品/服务。

最后，在后续跟进中，我们还须注意正确的策略：采取较为特殊的跟进方式，加深客户对我们的印象；为每一次跟进找到漂亮的理由；注意两次跟进时间间隔，太短会使客户厌烦，太长会使客户淡忘；每次跟进切勿流露出强烈的渴望，可以解释为是统一的工作流程，或者，解释为自己的工作习惯更好一些。调整自己的姿态，试着帮助客户解决问题，了解客户最近在想些什么？工作进展如何？

我们来看一个发生在美国的真实案例，一家企业发出招聘广告后，他们遇到了这么一个特殊的应聘者：他在应聘截止最后一天，向招聘企业投来他的简历（他这么做的目的很明显，是想让他的简历放在所有简历的最上面）。一周后，他打电话询问企业是否收到他的简历。这就是跟进。四天后，他再次打电话，询问企业是否愿意接受他新的推荐信（西方人对推荐信格外重视），企业的回答当然是肯定的。这是他第二次跟进。又过了两天，他将新的推荐信传真至企业，紧接着他电话又跟过去，询问传真内容是否清晰。这是第三次跟进。企业对他专业的跟进工作印象极深。他现在已经在这家企业工作。

美国专业营销人员协会和国家销售执行协会做过这样的统计报告：2%的销售是在第一次接洽后达成，3%的销售是在第一次跟进后达成，5%的销售是在第二次跟进后达成，10%的销售是在第三次跟进后达成，80%的销售是在第4至11次跟进后达成！

我们开拓法律顾问也是一样，很多情况下，一次接触并不能使双方建立合作关系，企业往往会说再考虑一下。这种情况下，律师就要在事后及时与企业负责人联系，询问进展，促成签约。实际上，由于律师这个行业现在越来越透明，企业在选择律师时，也会多方比较，律师在后续跟进时，要及时了解事情进展，特别是企业负责人的想法和态度，打消企业的顾虑，对企业提出的问题及时进行回应。

后续跟进的另一个好处是，哪怕我们没能与目标企业建立合作关系，最起码知道我们输在哪里，以便在以后的工作中进行改进，增加与下一家企业达成合作的成功率。

第三章
企业法律顾问的维护

法律顾问关系建立以后，律师就要开展工作，为企业提供法律服务。在现实中，很多律师在签订法律顾问合同后，不重视日常维护工作，导致顾问单位续约率低。因此，律师必须充分重视日常维护，取得企业认可。

企业法律顾问的维护，这些年已经有不少律师同仁发表看法，也已经总结出了一些比较好的做法，作者将结合自己从事企业法律顾问的工作经历，谈一些自己的做法和观点。

第一节　前期工作

前期工作是律师与企业建立合作以后所需要立即开展的工作，这些工作是为了使律师进一步了解企业，为以后提供有针对性的服务打下基础，这些工作是对前期律师与企业沟通信息的有益补充。

一、了解顾问单位基本信息

企业的基本信息一般包括以下方面：

①营业执照、企业章程、董事会议事规则、股东（大）会议事规则、监事会议事规则。②规章制度、员工手册。③合同文本、其他文件文本。④企业经营状况、人员状况、组织架构。

⑤企业急需解决的问题。⑥企业希望律师提供的服务方式和内容。⑦企业涉税信息。

律师对上述信息了解清楚后，从法律意义上，已经对企业有了比较清楚的了解，也能发现一些企业存在的问题，从而提供一些建议。这些信息还能帮助律师了解企业负责人的管理思路和风格，熟悉企业各部门的负责人，为以后的工作打下基础。

这其中，律师要重点关注的是企业章程和规章制度，在实务中，这两份文件的重要性无需多言，但很多企业并不重视，或者说，虽然重视了，但没有履行法定的程序，导致章程和规章制度不具有法律效力。在这方面，律师要给予重点审查，给企业以提示。

律师为了对企业进行深入了解，可以对企业中层以上管理人员做一个集中访谈，了解他们的想法，沟通下一步的合作事宜。在沟通过程中，律师还要引导他们正确认识律师的作用，告诉他们律师的工作方式和内容，从而建立起顺畅的沟通渠道，互相之间能够紧密地配合工作。

本书在这里特别推荐访谈这种方式，因为这种方式能够让律师和企业管理层建立最直接的联系，双方通过当面交流，能够留下最直观和感性的印象，最起码有过一面之缘，为以后的良好合作打下基础。通过访谈，可以让企业看到律师工作的态度，双方共同确立日后工作的方法和联系渠道，对律师开展工作特别有好处。有些律师不重视这一点，觉得和企业负责人或企业指定的联系人沟通好就可以了，实际上，这么做，对于一些规模很小的企业或许可以，对于一些规模较大的企业是完全不适用的。因为，这些企业日后会有很多部门的人与律师打交道，他们会直接向律师咨询法律问题，如果律师之前没有与他们当面沟通过，会给日后的合作带来一些不便，甚至误会。

从心理学上来说，所谓沟通是一个人向另一个人传递信息并使之理解的过程。随着现在通信手段的发达，人们似乎越来越不愿意面对面地交流了，特别是智能手机出现以后，各种即时通讯软件也代替了面对面交流。有什么事情需要与其他人沟通协调时，通常是发封邮件或是打个电话了事，甚至还有采取微信留言的。以上这些方式，都不是"face to face"。而这些方式的缺点也显而易见，因为如果打电话，在电话挂掉之后可能就会被客户遗忘，不能引起足够的重视；而用邮件的话，很多人一天收到很多邮件，大部分都只是扫两眼就算看完了，这效果就可想而知了。至于微信留言，更是不用说，很多人的微信是设置为静音的，而且忙起来也是不会看微信的。对于作者来说，我认为凡是微信留言的事情，都不会是重要或紧急的事项，无须即刻处理。所以，"face to face"的交流方式是非常重要的，能够给人留下深刻的印象，还不会制造误会。对于从未见过面的合作伙伴来说，更是如此。

最后，企业的涉税信息也是律师要给予关注的，比如，企业是一般纳税人还是小规模纳税人，企业所处行业的各种税种的税率是多少。企业的纳税身份是需要重点关注的，这直接涉及企业的纳税义务。总结起来，企业的纳税身份有以下几种分类：纳税人和代扣代缴义务人；居民企业和非居民企业；一般纳税人和小规模纳税人；个体户和单位；子公司还是分公司。企业的组织形式不同，直接涉及税收义务、纳税地点、税率、计税方式、发票和征收方式，是律师以后提供服务时要了解的事项。

二、审查企业各类文本，提供标准文本

这项工作也基本是每名顾问律师都会做的工作，企业在聘

请律师担任法律顾问以后，一般也都会要求律师从事这项工作。在这里只想强调一点，律师在审查企业的各类文本时，要注意结合企业的实际情况，最好在和企业负责人、各部门负责人沟通后，再对各类文本进行审查，这样才能提供有针对性的建议，制定出最适合企业实际需要的文本。

作者比较反对，不考虑企业实际状况，一律向企业提供非常复杂、详细的合同文本，这种文本可能会比较全面，对维护企业的利益比较有利，但往往并不实用，甚至在很多情况下，会阻止交易的达成，从而遭到业务人员的抵制和反感。长此以往，他们往往会选择抛开律师，自行与对方签约，给律师的工作造成被动。

现实中，企业由于所处市场地位的不同，决定了他们在交易中的强弱地位不同，企业如果处于比较强势一方，一般可以选择使用自己的合同文本，相反，则只能使用对方的合同文本，或者，在对方的合同文本基础上，做适当修改。如果律师不加区分地建议企业一律使用律师制定的合同文本，很可能会造成十分被动的局面。

律师要提供的标准文本一般包括：采购合同、销售合同、劳动合同、租赁合同、解除劳动合同协议书、保密和竞业限制协议、员工培训协议、员工手册、规章制度、承揽合同、定作合同、加工合同、借款合同、车辆使用协议等。

律师在提供以上标准文本时，作者建议要注意以下几点：

（1）尽量保留企业原来的行文格式，特别是企业的一些LOGO，更要保留，这些往往是企业经过长期使用积累下来的，律师如果直接删改，会导致不必要的麻烦。

（2）所谓的标准文本，只是适用于某一个特定企业的标准文本，绝对不是适用于所有企业的标准文本。更何况，在实务中，不同地区的司法环境并不一样，同样的问题，不同的地区的法院可能有不同的处理方式，律师必须为企业提供适用于当地司法环境的标准文本。

（3）律师要考虑企业所处的市场地位，合理设置合同条款。这一点在前面已经有过论述，在此不再重复。

（4）律师要考虑行业习惯和交易习惯，这一点比较重要，律师务必要了解。这是由于在不同的行业中，往往会形成一些交易习惯，这些习惯是所有企业都认可和遵守的，如果律师在提供合同文本时没有考虑到，或者作出了改变，会给企业造成很大的麻烦，因为这些行业习惯和交易习惯，不是一家企业所能改变的，企业只能遵守。律师如果不这么做，就会让企业觉得律师不专业。

（5）律师要考虑企业人员的操作能力。对于一些管理比较规范，员工法律知识较丰富的企业，律师可以为企业提供较为复杂、详细的合同文本。但是对于一些管理不够规范，员工知识不够丰富的企业，律师提供的合同文本如果过于复杂，他们往往是没有能力去实施的，如果他们自己都弄不懂合同，自然也没法使用。在这种情况下，律师要么简化合同文本，要么提前对企业员工进行相关培训，告诉他们如何去使用合同文本。

三、梳理顾问单位面临的法律问题

1. 针对已经发生过的法律问题提出解决建议，同时提供以后防范的建议

这项工作是律师对企业面临法律问题进行系统梳理和分析的重要环节，只有将企业的历史问题弄清楚，解决企业正在面临的问题，律师才能起到及时雨的作用。前面已经提到，企业在聘请法律顾问时，往往已经面临法律问题。因此，律师此项

工作开展要及时，以免给企业造成更大损失，律师工作也会陷入被动。

律师在梳理企业面临的法律问题时，要采用多种方法和方式，除了前面提到的访谈之外，本书建议律师配合调查表格实施。通过让企业相关人员填写调查表格，可以让企业自身也仔细、全面地考虑面临的法律问题，向律师说明问题，提出要求。调查表格示例附后。

问题梳理清楚后，律师的下一步工作就是提出防范建议，这项工作需要首先与企业负责人沟通，取得企业负责人的认可和支持，这样才能推动下去。其次是与各部门负责人沟通，听取他们的建议，取得他们的支持，毕竟，这些防范措施的落实，关键在各部门负责人。

示例：

关于请顾问单位提供详细资料的函

某某公司：

贵公司与我所已建立常年法律服务关系，为了对贵公司有更为深入的了解，更好地为贵公司提供针对性的服务，我们将为贵公司建立详细的档案。为此，我们专门设计了表格（见附件），里面详细列明了所需的相关资料，请贵公司在收到此函后一周内，将表格填好，尽量将表格里列出的所有资料填充完整并提供给我们。

表格中没有的内容或贵公司觉得无需律师了解的内容，可以不填。

我们在此郑重承诺：贵单位提供给我们的资料，仅供为贵单位提供法律服务使用，未经贵单位同意，我们不会将贵单位提供给我们的任何资料泄露给第三方。

山东××（城阳）律师事务所

×××律师

××××年××月××日

表 3-1　顾问单位基本情况

单位名称	
单位地址	
法定代表人	
董事长	
总经理	
注册资本	
实收资本	
公司类型	
经营范围	
经营期限	

续表

机构设置	
隶属关系	
在职员工人数	

其中：职工		管理人员	

主要管理人员联系电话	

与律师对接人员信息	姓名：　　　　　　手机： 微信：　　　　　　电邮：

续表

所属行业及主要产品	
服务对象及竞争对手基本情况	（注：可另附表）

填表时间：

表3-2 顾问单位提交文件明细

序号	目 录	提供	未提供	不适用
1	贵公司（包括子公司、分公司，下同）章程（含成立时和目前有效文本）			
2	公司的设立协议（如有）			
3	公司成立的审批文件（如有）			
4	公司营业执照复印件			
5	公司股权结构清单、历次股权变动情况			
6	公司内部管理制度			
7	公司重要股东会（董事会）决议及会议记录（如涉密可不提供）			

序号	目　录	提供	未提供	不适用
8	公司内部设置及职权划分			
9	公司的公章保管部门及使用制度			
10	公司曾经或正在发生的股东纠纷情况（如有）			
11	公司曾经或正在发生的管理层纠纷情况（如有）			
12	企业的生产、供销、财务、合同管理和规章制度等情况，			

填表时间：

表 3-3

顾问单位面临的法律问题
顾问单位对律师的要求

2. 针对发现的潜在法律风险提供管理建议

通过前面的工作，律师肯定会发现一些企业潜在的法律风险，对于这部分风险，律师应当提供风险管理的建议，最好能形成书面报告提交给企业。

　　这项工作也是检验律师业务能力的试金石之一，律师经验是否丰富，业务能力是否过硬，在这项工作中能够得到充分体现。这项工作做得好，可以直接增强企业对律师的信任。通俗地说，律师要在与企业建立合作关系以后，先对企业做个体检，摸清企业的状况，才好对症下药。企业法律体检不能停留在理论和口头上，要想使其成为现实，成为对企业确实有效的法律风险管理工具，其本身所使用的工具也必须是确实有效的，这些工具必须能够帮助律师获得企业最真实的信息，从而使律师作出最正确的判断，给企业提供最有效的建议，出具最有针对性的诊断报告。这些工具在使用过程中会有各种各样的要求，需要针对不同类型、不同阶段、不同行业的企业，确定使用何种工具，就如同医生要根据不同病人的情况，采用不同的治疗方法一样。

　　企业法律体检工具没有通用的格式，就拿问卷调查来说，问卷需要根据不同企业的实际情况，有针对性地设计，而且必须结合其他工具使用，相互配合，保证律师能够从企业获得真实的信息。律师在使用其他工具时，也要注意这一点，切忌使用所谓的通用工具，不考虑企业的实际情况，乱查一通。这样的话，往往得不到真实的信息，更不用说出具正确的诊断报告，提供有用的法律建议。

　　除了本书前面提到的访谈和调查表格以外，建议律师在对企业做体检时，考虑以下工具和方法。

　　（1）书面审查。书面审查是指律师对企业提供的材料进行仔细分析，从中发现问题并分别进行归类、分析。

　　在对企业进行法律体检时，让企业主动提供材料是一种非常省时、省力的方法，但律师要对企业提供的材料进行仔细审查，有些企业在提供材料时，往往会避重就轻或者不按照律师的要求提供，这些都需要律师给予注意。本书在上面也通过调查表格的形式，列出了需要企业提供的材料，律师取得这些材料后，要作出审查。

使用要求：

结合企业情况，提前给企业提供材料清单；对清单进行必要的说明，帮助企业联络人员理解律师所需的材料；根据访谈和问卷了解到的情况，及时提供补充材料清单，要求企业补充提交；尽量让企业提供盖有第三方印章或政府机关印章的材料，以保证材料的真实性。

（2）实地调查。实地调查是律师尽职调查工作中一项重要内容，也是律师开展企业法律体检的一项重要工具。为了弥补前面工具的不足，保证律师获得最真实、最有效的信息，实地调查是律师必须要做的工作。

实地调查的范围很广，特别是要核实企业提供的材料中涉及的内容，比如房产、土地，要到现场实地考察现状。很多时候，企业往往在未取得审批手续的情况下，就建设房屋，这种情况下，律师要给企业特别提醒法律风险。

使用要求：

提前列好调查清单，准备好调查函；了解当地政府部门的要求，必要时请企业给予配合；做好拍照和记录工作。

以上是律师在对企业进行法律体检时使用的工具，这些工具能够帮助律师获得企业比较真实、全面的信息，为律师下一步进行分析、诊断提供依据，也为律师向企业出具体检报告打下牢固的基础，让律师对企业有一个比较全面的了解。

第二节　日常维护工作

企业法律顾问的日常维护工作有几个特点，那就是琐碎、频繁、不规律，这几个特点决定了律师在日常维护工作中应做到细心、及时、有耐心。如果律师不能做到这几点，很可能会让企业对律师不满意，特别是，企业经办人员对律师的态度，会直接影响到企业是否与律师续约。

一、法律咨询工作

法律咨询工作是企业法律顾问最常见的一项工作，企业会咨询律师在经营过程中遇到的各种各样的法律问题，甚至是其他问题。对于这些问题，律师应当及时、正确地给予解答，满足企业的需求。同时，律师应当做好服务记录。

律师在解答法律咨询时应当注意以下问题：

1. 律师不能只告诉企业不能做什么，还要告诉企业正确的做法是什么

作者在和同事共同为企业服务时，发现年轻的同行们在初期非常容易犯一类错误，那就是单纯从管理法律风险的角度考虑问题，告诉企业这个有风险不能做，那个有风险不能做，但却没有告诉企业正确的做法是什么。这么回答几次问题的后果是，企业什么也做不了，自然就会对律师产生不满。实际上，企业只要从事经营，就一定会存在风险，经营企业就是在经营风险，律师要做的是，告诉企业在经营的同时，如何将法律风险尽量降低，而不是杜绝法律风险，如果追求这样的目标，企业只有停止经营。

律师这个职业容易养成说"NO"的习惯，这在某些专

业领域是必需的，比如刑事律师，他们的这种思维方式，保证了他们能依法维护被告人的合法利益。对于企业法律顾问来说，这种思维方式虽然也是必需的，但更重要的还是建设性思维。企业在从事经营中，是需要积极有所作为的，律师应当适应这种方式，在适当的时候踩踩刹车就可以，切不可天天泼冷水。

所以，我们在给企业提供法律咨询时，一定要告诉企业正确的做法是什么。如果企业没有选择，我们律师的责任是告诉企业，这么做存在哪些风险，应该提前做哪些方面的准备，这样，企业才能开展正常的经营活动。

2. 律师不能只告诉企业法律规定，还要给出具体的操作
   建议

事实上，律师只告诉企业法律规定的后果非常糟糕，因为大多数非法律专业人士，是不会明白法律条文的具体含义的，哪怕我们给他们讲得再明白无误。法律规定，往往只是我们给出建议的依据，而不是我们的建议，这一点我们要牢记。我们律师要做的工作，是依据法律规定，结合企业咨询的具体问题，给予具体的操作建议，建议必须是明确、具体和可操作的，否则，我们给出的建议就没有意义。定性不定量的建议往往是空泛的，让人无从实施。

中国人从来不缺宏观思维，我们的传统哲学中，也充满了定性而不定量的哲语，就拿最简单的中餐来说，我们自古以来就没有像西餐那样精确的配料，那种"葱花少许、盐少许"的表述会让人一头雾水，而我们许多人因受传统文化的影响，不可避免地或多或少留下了定性不定量的做事风格。但法律工作不是做菜，不能有"葱花少许、盐少许"式的表述，我们必须明确地告诉企业具体的操作，以及什么时候做，怎么做，只有

这样，企业才会明白如何操作。

律师在给出建议时，采用清单式的列举方法是非常有必要的，我们给出的清单，就是药方，企业照方抓药即可。如果律师能把提建议都做到像医生开药方那样，我们的建议就具备了可操作性，企业对律师的建议才能充分理解并实施，事实上，哪怕他们不理解，但也知道如何实施了。清单式的列举方法对律师来讲，也是一种提升技能、避免错误的好方式，律师用这种方法，可以不断总结出各种清单，在遇到同类问题时，可以迅速给出建议，无须每次都重新思考。清单积累多了，律师又可以从中发现问题，不断改进清单，从而提高自己的专业水平，防止律师犯错误。清单式的工作方法，也是避免工作中出现疏忽的法宝。

还要说明一点，律师给出的操作建议，应当结合企业的实际情况，注重可行性，不能给出超越企业能力的建议。比如，对于一个只有一名人事专员的企业，律师就不能为了规范人事管理制度，给出一套为上市公司制作的人事管理制度，这样复杂的制度，企业根本无力实施，也没有必要实施。事实上，有人曾经指出，中国的民营企业，没有因为发展太慢死掉的，都是因为发展太快死掉的。这话虽然有些绝对，但却说明了一个道理：拔苗助长式的发展是不可取的。企业的法律风险管理制度也是一样，不能超越企业的发展阶段，律师在提供操作建议时必须适度，不能将企业陷于庞杂的制度陷阱。

3. 对于复杂问题，要坚持书面回复或当面交流

这一点作者感触很深，有时候企业工作人员电话咨询了一个复杂的问题，我们在电话里可能沟通了很久，好像对方也听明白了。但是，到了第二天，甚至一个小时以后，他会再次打电话过来，又就同一个问题问了一番，有时甚至反复多次。之

所以会出现这个问题，就是因为不仅仅非法律专业人士无法迅速理解复杂的法律问题，就是我们自己，也很难在短时间之内把一个复杂的法律问题说明白。所以，作者建议律师在电话沟通之后，向企业出具书面的法律建议，如果书面建议仍然不能说明问题，则要考虑当面交流。

书面回复可以给律师更多的思考时间，让律师全面考虑问题，给出最为合理的建议。我们都有这样的经验：一个问题说起来好像很简单，没什么好说的，但当要落实到字面上时，才发现问题很多，要考虑的方面很多。所以，书面回复也是律师避免犯错误的一种方式，让律师能够规范执业。

当面交流的好处显而易见，双方可以就相关问题进行反复沟通，律师可以就存在的疑问立即向委托人询问，彻底弄清楚问题所在。而且，当面交流时，律师可以给出自己的初步判断，听取委托人的反馈意见，然后进行修正，从而保证律师完全明白委托人的意图，给出最合理的建议。可能有人觉得这么做没有必要，但从作者本人的执业经历来看，很多委托人是无法准确描述问题的，或者说，他们描述问题的角度不是从法律专业人士的角度，而是从非专业人士对问题的朴素理解的角度。这就给律师的判断带来了一定的困难，需要律师从法律的角度弄清楚委托人面临的问题，在法律上给出定义，律师需要将客观事实转化为法律事实，进而给出法律建议。

二、商务谈判

商务谈判是律师根据企业的需要，参与企业与客户、供应商及其他人员的业务洽谈、事务协商等工作。商务谈判时，律师要注意保持自己的角色，对于一些纯商业的内容，律师不宜发表意见，律师只要对涉及事务面临的法律事项发表意见即可。

谈判前，律师应当提前向企业了解相关内容，准备相关法律知识，以免出现企业咨询时，律师却无法解答的情况。同时，律师还应当与企业充分沟通，了解企业希望实现的目标，掌握双方在谈判中的地位，采取不同的策略。

此外，律师参与谈判的另一个重要作用是，律师在法律专业领域发表的一些意见或提供的咨询，可以迅速为一些问题确定答案，防止双方陷入无休止的争论中。赫布·科恩在《谈判无处不在》一书中写道："今天，由于社会分工越来越细，在一场谈判中，专业知识的影响力所占的份额正在逐步扩大，因此，我们不得不考虑如何运用专业知识这股强大的力量。""我们大家都知道，大多数人很少会对我列举出的下列专家提出质疑。比如，会计师、医生、高级技工、律师、电脑专家、股票经纪人、科学家、教授、五角大楼的将军甚至是专业的管道工。为什么呢？因为我们都相信他们在其专业方面知道的比我们多。"因此，律师参与谈判要充分发挥自己专业的力量，让一些问题，特别是法律问题，尽早有个定论，协助委托人尽快达成协议，促进成交。

三、法律信息的提供

根据中国法学会发布的《中国法治建设年度报告（2016）》，2016 年全国人大及其常委会共制定法律 10 件，修改法律 24 件，通过有关法律问题的决定 6 件，作出 1 个法律解释。截至 2016 年 12 月底，中国除现行宪法外，现行有效的法律共 256 件。2016 年，国务院向全国人大常委会提交了法律议案 13 件、决议草案 2 件，提请全国人大常委会审议条约（公约）10 件，制定、修改行政法规 8 件，核准公约（协定、议定书）11 件。

可以看出，我国目前的立法速度较快，数量较多，突显了我国目前正处于重大改革时期的特点。这些新的法律法规，企业往往是很难掌握的，这就需要律师及时向顾问单位提供法律信息。

而且，向顾问单位主动提供法律信息是体现律师积极主动工作的一种形式。在现实中，不排除有些顾问单位在一段时期内没有法律事务需要律师处理的情况，在这种情况下，律师仍然要主动提供法律服务。如果国家有新的法律法规出台，律师应当结合企业的情况，向企业提供法律信息。

律师在提供法律信息时，不能只是罗列法条，律师应当给予解读，并以简明扼要、通俗易懂的语言提供给企业。本书作者在多年的法律顾问服务和普法讲课过程中发现，凡是给非专业人士讲专业术语的律师，大多不能获得认可，他们需要的是律师通过他们听得懂的语言，将法律的知识分享给他们。

四、法律风险提示

常年法律顾问与普通律师的区别在于，常年法律顾问对企业情况较为熟悉，是系统地、全面地为企业提供法律服务，就像是保健医生一样，重点在于预防企业发生法律风险。普通律师对于企业来讲，则像门诊医生，企业是在有了法律问题以后，找普通律师咨询，普通律师往往只解决企业咨询的个别法律问题。因此，两相比较，常年法律顾问更容易发现企业存在的法律风险，给企业出具有针对性的建议。

法律风险提示，是律师在服务过程中，发现企业在某一方面存在法律风险，就该方面专门出具的提示书。这项工作同样是律师主动提供服务的一种模式，律师主动向企业提供法律风险提示书，可以让企业感受到律师的主动服务，为企业避免法律风险提供事前预防。企业聘请法律顾问的一个重要目的就是预防法律风险的发生，对企业法律风险进行管理，律师的这种服务，正是满足了企业的需求。

律师在提供法律风险提示时，也应当注意使用通俗易懂的语言。如果律师提供的建议委托人看不懂，就起不到应有的作用，长此以往，律师再提供类似建议，委托人可能连看都不看。

五、纠纷调解

企业在经营过程中，会遇到各种各样的纠纷，特别是企业与职工之间的纠纷，很多情况下是可以调解的，律师在这个过程中，可以发挥很大的作用。除了劳动争议纠纷之外，律师还可以充分地参与企业与客户之间、供应商之间、其他合作者之间的纠纷，避免企业进入诉讼，早日解决纠纷，节省成本。

律师参与调解时，应当注意消除纠纷各方的对立情绪，避免因为情绪化的语言激化矛盾。事实上，很多时候，纠纷的各方，只是需要一个缓冲带，有了这个缓冲带，很多纠纷也就化解了，律师就要充当这个缓冲带。

六、法律培训

法律培训有两个方面的重要作用，一是使企业管理层和员工增加法律知识，预防法律风险的发生，二是使律师与企业之间的合作更顺畅。第一个方面的作用不用多言，这也是法律培训的应有之义，这里要重点说明一下第二方面。事实上，律师的建议能否被企业采纳并得到很好的执行，除了取决于企业负责人的态度之外，企业员工能否充分理解并贯彻执行，也是很重要的一个方面。如果说企业员工没有基本的法律知识，那么他们就不能充分理解律师建议的重要性，在工作中也就不会很好地去执行，这会让律师的建议大打折扣，也会让律师与企业之间的合作变得不顺畅，因此，律师应该重视这个问题。

法律培训还要针对不同的群体，准备不同的培训内容，一般来说，凡是对外接触客户或供应商的员工，都应该参加合同法律知识的培训；企业人事管理人员，应当参加劳动法律知识的培训；企业全体员工都应当参加公司规章制度和保密知识的培训；企业管理层应当参加企业经营过程中的法律风险培训；企业负责人除了参加上述培训，还应当参加企业治理方面的法律培训。

律师在为企业举办法律培训时，应当注意以下事项：

1. 通俗易懂

由于企业人员均非专业法律人士，他们对法律的理解只是停留在比较浅的层次上，律师在进行法律培训时，就要尽量减少专业术语的使用，多使用通俗易懂的语言，让受培训人员听懂律师在说什么。在必须使用法律专业术语时，要给予必要的解释，保证受众能够听懂。律师要对法律知识进行必要的梳理和总结，避免读法条式的培训。

2. 案例教学

案例教学（Case Method）是由曾担任过美国哈佛法学院院长的克里斯托弗·哥伦布·朗代尔（C. C. Langdell）于 1870 年首创，后来由哈佛企管研究所所长郑汉姆（W. B. Doham）发扬光大，并从美国迅速传播到全世界。20 世纪 80 年代，案例教学才引入我国。案例教学是一种通过模拟或者重现现实生活中的一些场景，让学生把自己纳入案例场景，通过讨论或者研讨来进行学习的一种教学方法，主要应用在管理学、法学等学科。因此，律师在进行法律培训时，也完全可以参考案例教学的方法。当然，由于面对的受众不同，律师要做一些变通，不能过于专业化，还是以普法性的实务案例为主。律师尽量要通过一个个生动的案例，让企业人员从中学到一些法律知识，并应用于工作中去。

3. 注重沟通

培训的效果如何，不能仅凭感觉，要在培训结束后，征求参训人员的意见，听听他们的需求，只有这样，律师才能不断改进培训方法，达到更好的培训效果。沟通还有助于律师了解企业面临的实际法律问题，从实际操作层面为企业提供更有针对性的建议。一般来说，由于企业法律顾问的兼职性，律师很难深入了解企业的日常经营管理，对一些潜在的法律风险，也会有忽视的可能，而通过这种培训之后的面对面沟通，律师能够及时发现潜在的法律风险。

七、企业规章制度的完善

根据现行劳动合同法及劳动法律法规的规定，企业的规章制度要想具有法律效力，必须具备以下几个条件：民主程序制定、内容合法、公示。而在现实中，很多企业的规章制度并不符合以上要求，在实务中，律师首先要做的是帮助审查企业规章制度的合法性并在内容上予以完善，其次要做的是帮助企业通过民主程序征求职工的意见，召开职工代表大会，最后是向全体职工公示，只有经过以上三步以后，企业的规章制度才能具有法律效力。当然，对于设立工会的企业，规章制度在制定过程中，还必须征求工会的意见。

律师在帮助企业完善规章制度时，还应当注意结合企业所处的行业、发展阶段和企业的管理水平，制定相应的规章制度，切忌一刀切。律师事先应当充分与企业负责人、人事负责人进行沟通，了解企业的想法和需求。

应该说，处于不同发展阶段的企业，对规章制度的需求也是不同的，削足适履的方式去强迫企业接受庞杂的规章制度并不是好事，很可能导致规章制度被高高挂起，得不到有效执行。因此，规章制度的实用性是律师必须要考虑的，没有实用性的规章制度，制定得再完善，也只能是空中楼阁。实践中，一些小微企业连专门的人事专员都没有，如果律师制定了一套复杂的人事管理制度，那么企业可能根本没有人力去实施。这个时候，律师只需按照企业的需求，提供一些合同文本和帮助完善基本的人事管理流程即可。

企业规章制度应当包括以下方面：①员工守则；②财务管理；③人事管理；④行政管理；⑤保密；⑥岗位职责；⑦安全保卫；⑧奖惩；⑨其他。

后面提供的一份规章制度样本，适合具备一定管理能力的企业使用，管理规范的企业，可以在此基础上进一步完善。管理能力较弱的企业，可以在适当精简后使用。

示例：

××公司规章制度

目 录

第一章　公司理念

此章内容由公司根据各自实际情况制定。

第二章　管理大纲

2.1 为加强公司管理，完善各项工作制度，促进公司发展壮大，提高经济效益，根据国家有关法律、法规及公司章程的规定，特制定本规章制度。

2.2 公司全体员工都必须遵守公司章程，遵守公司的规章制度和各项决定、纪律。

2.3 公司禁止任何所属机构、个人损害公司的形象、声誉。

2.4 公司提倡全体员工刻苦学习科学技术文化知识，公司为员工提供学习、深造的条件和机会，努力提高员工的素质和水平，造就一支思想和业务都过硬的员工队伍。

2.5 公司鼓励员工发挥才能，多作贡献。对有突出贡献者，公司予以奖励、表彰。

2.6 公司为员工提供平等的竞争环境和晋升机会，鼓励员工积极向上。

2.7 公司倡导员工团结互助，同舟共济，发扬集体合作和集体创造精神。

2.8 公司提倡员工积极参与公司的决策和管理，欢迎员工就公司事务及发展提出合理化建议，公司对作出贡献的员工予以奖励、表彰。

2.9 公司为员工提供收入和福利保证，并随着经济效益的提高而提高员工各方面的待遇。

2.10 公司实行岗位责任制，实行考勤、考核制度，端正工作作风和提高工作效率，反对办事拖拉和不负责任的工作态度。

2.11 公司提倡厉行节约，反对铺张浪费；降低消耗，增加收入，提高效益。

第三章　员工守则

第一节　总则

3.1.1 为加强公司的人事管理，使公司人事管理工作有章可循，同时也为使本公司员工了解公司各项内部规章制度，特制定本守则。

3.1.2 适用范围

所有经本公司正式录用的员工，隶属公司编制的各职能人员均适用。培训人员、试用人员或因业务需要而聘用的特殊人员、顾问在相关范围内适用。

3.1.3 守则公布须知

守则执行时，应在公司内公布，内容变更时，变更部分应当及时公布。

本手册在公司录用员工时，即提供当事人亲自阅读，了解所有内容后签字确认，经办人员应该妥善保管相关材料，如有遗失，须承担相应责任。当员工违反本守则规定的内容时，不得以不知其内容为理由或借口推卸责任或免除处分。

3.1.4 员工不得将本守则内容泄露给非本公司人员，更不得未经允许复制、传播。员工在辞职时，应当将本守则交回公司，如有丢失，应当赔偿一百元。

第二节 守则

3.2.1 熟悉并认同公司的理念与公司文化，将个人成长与公司发展相结合。

3.2.2 严守公司秘密，保护公司财产。

3.2.3 自觉维护团体荣誉，有团队合作精神和强烈的集体荣誉感，维护公司形象。

3.2.4 培养良好的职业道德，对内乐于提供建议，对外不谈论公司是非。

3.2.5 树立服务意识，始终面向市场，面向用户。

3.2.6 对工作要协调合作，对同事要互相帮助，有敬业和奉献精神，分享知识与技术。

3.2.7 仪容仪表规定

（1）员工必须保持衣冠整洁，按规定要求着装、佩带工作卡。

（2）任何时候在工作场所不得穿短裤、背心、拖鞋。

（3）男员工应每日修剪胡须，发不盖耳遮领，不得剃光头，不得染发；女员工头发应梳理整齐，不做怪异发型，不得染过艳的头发。

3.2.8 行为举止规定

（1）举止大方得体，与人交谈双眼平视对方，不左顾右盼。

（2）遇客户来访，立即起身相迎并问好，先请来访人员坐下后，自己才能坐下；客户告辞，应起身相送。

（3）进入其他部室或领导办公室前，要轻轻叩门，征得同意后方可入内。

（4）对客户或来访人员提出的询问、疑难、要求、意见要耐心倾听，在不违背保密制度的原则下，有问必答并做到回答准确（对自己无把握的问题应婉转地表示歉意，联系有关人员给予解释，或留下文字记录，限时予以答复）。

3.2.9 工作纪律规定

（1）员工需外出办公时，须向部门负责人或经理说明（无论公务还是私事）；如有需要时，办理相关手续。

（2）携带公司物品、文件外出时须办理规定手续，发生丢失损坏时照价赔偿。

（3）禁止带领公司以外非办事人员进入公司，不准将小孩带入公司或办公室。

（4）在工作时间内，工作人员不得擅自离岗，串岗；在办公环境严禁大喊大叫、喧哗、聊天、追逐嬉戏、打瞌睡，谈论与工作无关的事情；不得影响他人工作；不得处理与工作无关的私事；不得看与工作无关的闲杂书籍；禁止电话聊天；禁止因私使用公司电话，如有发现，将按情节轻重处以扣发50元到

100 元奖金。

（5）工作时间内，不得利用公司电脑和其他相关资源进行炒股、上网聊天、访问黄色网站、传播非法信息、赌博、游戏等与工作无关的活动。

（6）工作时间禁止私人会客，工作会客应在会客厅或指定场所。

（7）工作时间内严禁当班喝酒（除因公陪客外）。

（8）必须尽忠职守，服从指挥安排，对上级工作安排有争议时须以首选服从为前提，但可事后提出意见。

（9）公司会议途中，尊重主持人或发言人，不随意插话、抢话、打哈欠、开小差、私下议论等，有事先举手或以纸条传递。

（10）非指定操作者，不得操作各种设备、仪器；指定操作者须依照操作规程操作，应特别注意安全。

（11）服从领导的工作安排，全面优质完成本职工作和领导交办的一切任务，执行工作任务时不得畏难借故回避或互相推诿；遇临时紧急任务，虽非工作时间内，经通知后应立即到场处理。

（12）下班前应关好门窗、饮水机电源、电脑电源，做到人走灯灭，并将工作环境整理整齐。

（13）严守公司秘密，未经总经理许可并办理登记手续，公司档案文件资料不得让公司以外人员借阅；不得泄露公司的计划、议程、决定等。不与客户或外部人员谈论本公司的一切事物，不议论客户短长，一切内部文件、资料、报表合同等，都应做到先收好，再离人，保证桌上无泄密。

（14）不得利用职权从事侵占、受贿、行贿及其他损害公司利益的行为；不得以公司名义招摇撞骗；不得利用公司关系，从事与公司无关的事务；不得利用公司客户资源或商业信息以本公司名义销售非本公司的产品或从事其他业务，违者将处以经济处罚或者解除劳动合同，情节严重的，将移送司法机关，依法追究其刑事责任。

（15）未经公司书面同意，不得兼职或经营其他副业，更不得为自己或他人从事与本公司相同或类似之事业，违者将解除劳动合同。

3.2.10 接听电话

（1）拿起听筒先说"您好，×××公司"（外线），"您好，×××部"（内线），语气要和缓。

（2）必要时做好记录，将要点向对方复述一遍。

（3）通话完毕应说"再见"，不得用力掷话筒。

3.2.11 会客规定

（1）有客人来访时，应起立迎接，然后问清事由，自己工作职责内的，应当立即解决；超出本职工作范围内的，应告诉客人稍等，并立即通知相关人员。严禁将客人扔在一边，不管不问。

在接待客人过程中，应注意使用文明用语，严禁说脏话。接待过程中，要及时为客人倒水、让座。

（2）客人离开时，应起立道别。一般客人送出办公室门外，重要客人应送至电梯口或楼下，待客人离去后再返回。

第三节　关于出差的规定

3.3.1 公司工作人员出差必须制定出差计划并经总经理批准。

3.3.2 员工出差期间，必须随身携带相关表格以及材料，以便进行比较、确认和总结。

3.3.3 公司工作人员出差必须按预定时间及时出发、赶到目的地。在工作任务完成后，离开之前必须通知公司，确认全部工作结束后才能离开。没有事先请示，严格禁止私自利用工作时间办私事。

3.3.4 公司工作人员在目的地工作期间，注意言语文明，不得诋毁公司，严格遵守公司保密制度，不得透露与出差工作内容无关的公司信息。

3.3.5 公司工作人员必须充分把握出差的目的，要会工作。及时将合作单位的工作进展汇报到公司，每天必须在下班休息之前对当天工作进行总结，并填写《出差每日工作汇报单》，由出差单位的相关人员签字后传真回公司。没有特殊原因而没有传回公司的，视为当天没有工作，按旷工处理。

3.3.6 发生以下情况公司将予以批评教育、经济处罚直至辞退，情节严重的，公司有权与其解除劳动合同关系：

（1）没有遵守以上一至五条规定的；

（2）到达目的地后，偷懒耍滑、不负责任、工作散漫、玩忽职守的；

（3）要求落实的工作没有落实、不能发现问题而给公司造成或可能造成损失的；

（4）传播公司谣言、泄露公司秘密的；

（5）向合作单位索取钱物，或收受合作单位钱物馈赠而不及时全部上缴公司的；

（6）无正当理由，因个人能力不足或个人成见而故意刁难合作单位的；

（7）其他任何损害公司声誉、利益的行为。

第四章　财务管理

第一节　公司财务部门的职能

4.1.1 认真贯彻执行国家有关的财务管理制度。

4.1.2 建立健全财务管理的各项规章制度，编制财务计划，加强经营核算管理，反映、分析财务计划的执行情况，检查监督财务纪律。

4.1.3 厉行节约，合理使用资金。

第二节　财务工作管理

4.2.1 会计凭证、会计账簿、会计报表和其他会计资料必须真实、准确、完整，并符合会计制度的规定。

4.2.2 财务工作人员办理会计事项必须取得原始凭证，并根据审核的原始凭证编制记账凭证。会计、出纳员记账，都必须在记账凭证上签字。

4.2.3 财务工作人员应当定期进行财务清查，保证账簿记录与实物、款项相符。

4.2.4 财务工作人员应根据总分类账簿记录编制会计报表上报总经理，并报送有关部门。会计报表每月由会计编制并上报一次。

4.2.5 财务工作人员对不真实、不合法的原始凭证，不予受理；对记载不准确、不完整的原始凭证，予以退回，要求更正、补充。

4.2.6 财务工作人员发现账簿记录与实物、款项不符时，应及时向总经理书面报告，财务工作人员对上述事项无权自行作出处理。

4.2.7 财务负责人应当做好内部控制工作，完善财务管理责任制度。

4.2.8 出纳人员不得兼管稽核、会计档案保管和收入、费用、债权和债务账目的登记工作。

4.2.9 财务工作人员调动工作或者离职，必须与接管人员办清交接手续。

财务工作人员办理交接手续，由总经理监督。

第三节 支票管理

4.3.1 支票由总经理指定专人保管。支票使用时须有"支票领用单",经总经理批准签字,然后将支票按批准金额封头,加盖印章、填写日期、用途、登记号码,领用人在支票领用簿上签字备查,收款人一栏不允许空白,必须填写准确。

4.3.2 支票付款后凭支票存根,发票由经手人签字、会计核对(购置物品由保管人员签字)、总经理审批。填写金额要无误,完成后交财务负责人统一编制会计凭证号,按规定登记银行账簿,原支票领用人在"支票领用单"及登记簿上注销。

4.3.3 财务人员月底清账时凭"支票领用单"催收,如有特殊情况没及时报账者,了解落实后酌情处理。发工资时从领用工资内扣还,当月工资扣还不足,逐月延扣以后的工资,领用人完善报账手续后再作补发工资处理。

4.3.4 对于报销时短缺的金额,财务人员要及时催办,到月底按4.3.3条规定处理。

凡与公司业务无关款项,不分金额大小由承办人文字性报告总经理。

4.3.5 款项进入银行账户两日内,会计或出纳人员应及时准确地报告总经理。

4.3.6 公司财务人员支付(包括公私借用)每一笔款项,不论金额大小均须总经理签字。总经理外出应由财务人员设法通知,同意后可先付款后补签。

第四节 现金管理

4.4.1 公司可以在下列范围内使用现金:

(1)职员工资、津贴、奖金;

（2）个人劳务报酬；

（3）出差人员必须携带的差旅费；

（4）结算起点以下的零星支出；

（5）总经理批准的其他开支。

前款结算起点定为 100 元，结算规定的调整，由总经理确定。

4.4.2 除本规定 4.4.1 条外，财务人员支付个人款项，超过使用现金限额的部分，应当以支票支付；确需全额支付现金的，经会计审核，总经理批准后支付现金。

4.4.3 公司固定资产、办公用品、劳保、福利及其他工作用品必须采取转账结算方式，不得使用现金。

4.4.4 日常零星开支所需库存现金限额为 5000 元，超额部分应存入银行。

4.4.5 财务人员支付现金，可以从公司库存现金限额中支付或从银行存款中提取，不得从现金收入中直接支付（即坐支）。

因特殊情况确需坐支的，应事先报请总经理批准。

4.4.6 财务人员从银行提取现金，应当填写《现金领用单》，并写明用途和金额，由总经理批准后提取。

4.4.7 公司职员因工作需要借用现金，需填写《借款单》，先经部门主管同意，再由总经理批准，最后经财务部审核后，方予借支。

（1）各项借款金额 500 元以内按上述程序办理，超过 1000 元以上的须提前一天报请总经理、财务部审批资金预算。

（2）借款出差人员回公司后，五天内应按规定到财务部报销清账。

报账后欠结部分金额或五天内不办理报销手续的人员欠款，财务部门有权在借款人工资中扣回。

4.4.8 符合本规定 4.4.1 条的，凭发票、工资单、差旅费单及公司认可的有效报销或领款凭证，报销人员需根据不同的报销项目填制不同的报销单据，将原始票据按要求粘贴整齐；财务部门全面审核合格后，报部门主管审批签字，再报总经理签字，批准后由出纳支付现金。

4.4.9 发票及报销单经总经理批准后，由会计审核，经手人签字，金额数量无误，填制记账凭证。

4.4.10 工资由财务人员依据办公室及各部门每月提供的核发工资资料代理编制职员工资表，交总经理审核、签字，财务人员按时提款，当月发放工资，填制记账凭证，进行账务处理。

4.4.11 无论何种汇款，财务人员都须审核《汇款通知单》，分别由经手人、总经理签字，会计审核有关凭证。

4.4.12 出纳人员应当建立健全现金账目，逐笔记载现金支付。账目应当日清月结，账款相符。

第五节　财务印鉴、工商、税务证件、专用发票管理

4.5.1 凡是本公司使用的印鉴即公司公章、法人章、财务专用章、发票专用章、合同专用章，每日业务终了下班前必须放入银柜保存。每次使用须经领导批准。

4.5.2 公司开具使用的增值税专用发票及增值税普通发票，平日应视同现金一样放银柜保存。

4.5.3 凡工商营业执照、税务登记证及其他公司证件，一律集中放在公司银柜保管。

第六节　会计档案管理

4.6.1 凡是本公司的会计凭证、会计账簿、会计报表、会计文件和其他有保存价值的资料，均应归档。

4.6.2 会计凭证应按月、按编号顺序每月装订成册，标明月份、季度、年起止、号数、单据张数，由会计及有关人员签名盖章（包括制单、审核、记账、主管），由总经理指定专人归档保存，归档前应加以装订。

4.6.3 会计报表应分月、季、年报、按时归档，由财务负责专人保管，并分类填制目录。

4.6.4 会计档案不得携带外出，凡查阅、复制、摘录会计档案，须经总经理批准。

第七节　关于报销的规定

4.7.1 报销单的填写

（1）长途车票报销：必须写明出差的出发/返回日期、出发地/目的地、事由、相应交通费、补贴金额等，出发和返回的要分行填写。

（2）住宿费报销：在公司补贴范围之内的，据实填写并按规定补贴金额报销。超出规定范围的，需要事先请示，未请示的超出补贴范围部分不予报销。

（3）招待费等杂费报销：必须写明具体招待时间、地点、所招待客人、金额。未经经理批准的招待费不能报销。

（4）出租车报销：可以与相应的事项一起填单/贴单，但事先未经经理批准的出租车票不得报销。非工作相关出租车费用不能报销。

（5）长途话费报销：可以贴在相应差旅报销单上一并报销，但必须随附明细，并在明细上标记出相应通话。

4.7.2 单据要求

（1）发票：所有报销必须以发票为依据，报销人需要首先落实对方是否能够开具发票。领取发票时必须认真审查发票是否有涂改、发票适用年份、日期是否正确、大小写是否正确、金额位置是否被撕掉等。如有类似问题则不能使用，需要另开。

（2）无发票情况：到不能开具发票的地方消费时，需要提前请示公司总经理，经批准后方可进行消费，结账时需要领取收款收据。但收款收据不可以作为发票使用，报销人需要找同等金额的其他发票（餐饮除外）顶替，一并出示后方可报销。但必须尽量避免类似情况的发生。

4.7.3　报销单的审批

（1）审批程序：今后审批，必须首先将报销单交给各部门负责人签字，然后会计签字，最后经理签字后方可报销。

（2）部门负责人职责：必须认真审查所报销费用是否属实，差旅费报销的需要核对出差期间每天的工作汇报，如没有当天工作汇报的，按规定每天扣奖金50元。

（3）部门负责人违规处分：所报销事项中如有虚报、瞒报而部门负责人没有发现的，除不予报销外，对报销人另按报销金额进行处罚，部门负责人每次扣奖金50元。无工作汇报而予以签字的，部门负责人每次扣奖金50元。

第八节　处罚办法

4.8.1　出现下列情况之一的，对财务人员予以警告并扣发本人月薪（具体扣除方式按照法律规定），公司并有权解除劳动合同：

（1）超出规定范围、限额使用现金的或超出核定的库存现金金额留存现金的；

（2）用不符合财务会计制度规定的原始凭证或其他凭证顶替银行存款或库存现金的；

（3）未经批准，擅自挪用或借用他人资金（包括现金）或支付款项的；

（4）利用账户替其他单位和个人套取现金的；

（5）未经批准坐支或未按批准的坐支范围和限额坐支现金的；

（6）保留账外款项或将公司款项以财务人员个人储蓄方式存入银行的；

（7）其他违反法律和账务制度的行为。

4.8.2 出现下列情况之一的，财务人员应予解聘。

（1）违反财务制度，造成财务工作严重混乱的；

（2）拒绝提供或提供虚假的会计凭证、账表、文件资料的；

（3）伪造、变造、谎报、毁灭、隐匿会计凭证、会计账簿的；

（4）利用职务便利，非法占有或虚报冒领、骗取公司财物的；

（5）弄虚作假、营私舞弊、非法谋私，泄露秘密及贪污挪用公司款项的；

（6）在工作范围内发生失误或者由于玩忽职守致使公司利益遭受损失的；

（7）有其他渎职行为和严重错误，应当予以辞退的。

第五章 人事管理

第一节 员工的聘用

5.1.1 各部门对聘用员工应本着精简原则，可聘可不聘的坚决不聘，无才无德的坚决不聘，真正做到按需录用、择才录用、任人唯贤。

5.1.2 公司聘用的正式员工，一律签订劳动合同。

5.1.3 员工的聘用由公司总经理负责，必要时总经理可将此权力下放给公司其他管理人员行使。

5.1.4 新聘员工，用人单位和受聘人员必须填写"员工入职登记表"，由用人单位签署意见，拟定工作岗位，经所需部门审查考核，符合聘用条件者，签订劳动合同。

5.1.5 新员工正式上岗前，必须先接受培训。

培训内容包括学习公司章程及规章制度，了解公司情况，学习岗位业务知识等；公司相关人员应对试用期员工考勤，并将此考评作为员工是否符合录用条件的依据。

5.1.6 新员工在试用期内，由用人部门作出鉴定，提出是否录用的意见，报总经理、董事长（执行董事）审批。经考核不符合招聘岗位的录用者，公司应在试用期满前解除劳动合同。

第二节　工资、待遇

5.2.1 公司全权决定所属员工的工资、待遇，按照国家法律规定办理各项员工福利。

第三节　假期及待遇

5.3.1 员工请假必须有书面的请假条并由部门经理签批，需要至少提前一天进行请假，以便公司安排工作调整。休假之前，必须将工作妥善交代给其他同事，或妥善予以安排，做到人休假而工不误。

5.3.2 由于经理不在等原因而不能签批的，必须在征得经理同意的前提下，将假条写好，交与其他同事代签。假条中必须写明休假具体的起止日期和时间、请假的原因等。

5.3.3 请假期间，应尽快处理完相关事宜并尽快返回工作岗位。

5.3.4 请病假的必须提供就医的挂号证明和医院病历证明。

5.3.5 请事假的必须提供第三方证明。

5.3.6 以下几种情形，除总经理批准外，原则上不允许请假，以免影响工作：

（1）非本人或家属结婚不允许请假；

（2）非本人或家属生病不允许请假；

（3）请假超过三天；

（4）其他情形。

5.3.7 员工有特殊情况，书面提出申请，经公司总经理批准，可以给予适当假期。

第四节 辞职、辞退

5.4.1 公司有权辞退不合格的员工。员工有辞职的自由，但均须按本制度和劳动合同的规定履行并办理相关手续。

5.4.2 公司试用人员在试用期内辞职应提前 3 日向部门负责人或经理提出辞职报告，工作交接完毕后并办理相关手续后方可离职。

5.4.3 公司正式员工辞职必须提前一个月向公司负责人提出书面的辞职报告，说明辞职的原因并保证该辞职原因的真实性，经公司批准后必须妥善办理工作的交接手续，方可离职。

5.4.4 按规定经批准辞职的，在收到书面报告的第二个月予以结清工资。

5.4.5 有下列情形之一，公司有权不予结算劳动报酬，不予办理档案、社保等转移手续：

（1）没有书面辞职申请的；

（2）辞职理由虚假或没有经过批准的；

（3）没有妥善交接工作便擅自离职的；

（4）其他违反法律法规及公司规章制度的。

擅自离职离岗给公司造成损失的，除工资不予结算外，公司有权追究相应法律责任和赔偿损失。

5.4.6 员工必须服从组织安排，遵守各项规章制度，公司对有下列行为之一者，给予辞退，情节严重的，将移送相关公检法机关，依法追究其刑事责任：

(1) 一年内记过 3 次者；

(2) 一月内旷工 2 日或全年累计超过 5 日者；

(3) 营私舞弊、挪用资金、收受贿赂者；

(4) 工作疏忽、贻误要务，致使公司蒙受重大损失者（重大损失指一次性给公司造成 1 万元经济损失或累计 3 万元，以下同）；

(5) 违抗命令或擅离职守，经通知拒不改正或给公司造成重大损失者；

(6) 怠工、造谣生事，破坏正常的工作与生产秩序者；

(7) 仿效领导签字、盗用印信或涂改公司文件者；

(8) 因破坏、窃取、毁弃、隐匿公司设施及文书等行为，致使公司业务遭受损失者；

(9) 私自为其他单位工作者；

(10) 违背国家法令或公司规章者；

(11) 泄露业务上的秘密，给公司造成重大经济损失者；

(12) 办事不力、玩忽职守，且有具体事实，情节严重者；

(13) 伪造证件，冒领各项费用者；

(14) 年终考核成绩不合格，经考察留用仍不合格者；

(15) 因公司业务紧缩须减少一部分员工时；

(16) 工作期间依法被追究刑事责任者；

(17) 员工在试用期内经考核不符合录用条件者；

(18) 违反国家计划生育政策或累计受到行政或/和治安处罚达 3 次者；

(19) 在公司内打架、赌博、喝酒及吸毒者；

（20）在非吸烟区域吸烟者；

（21）私藏凶器（刀、枪）、毒品、易燃、易爆、易腐蚀性物品者；

（22）向供应商或客户索取钱物或者接受回扣者；

（23）恫吓，侮骂，殴打管理者或行为粗暴卑劣者；

（24）在宿舍内私拉电源线者；

（25）违反本规章制度的其他规定累计达 3 次者（其他条款另有专门规定的，从规定）；

5.4.7　劳动合同期满，合同即告终止。员工或公司不续签劳动合同的，到人事部办理终止合同手续。

5.4.8　员工辞职、被辞退或终止聘用，在离开公司以前，必须交还公司的一切财物、文件及业务资料，并移交业务渠道。否则，公司不予办理任何手续，给公司造成损失的，应负赔偿责任。

第六章　行政管理

第一节　总则

6.1.1 为完善公司的行政管理机制，建立规范化的行政管理，提高行政管理水平和工作效率，使公司各项行政工作有章可循，照章办事，制定本制度。

第二节　文件收发、打印规定

6.2.1 公司文件由指定的拟稿人拟稿，经总经理审阅批准后，由总经理签发。

6.2.2 属于秘密的文件，核稿人应该注"秘密"字样，并确定报送范围。秘密文件按秘密规定，由专人印制、报送。

6.2.3 已签发的文件由核稿人登记，送办公室打印。

6.2.4 文件由办公室负责校对，并送拟稿人、核稿人审查合格后，方能复印、盖章。

6.2.5 文件由办公室负责报送。送件人应把文件内容、报送日期、部门、接件人等事项写清楚，并报告报送结果。

6.2.6 经签发的文件原稿送保密（档案）室存档。

6.2.7 外来的文件由办公室专人负责签收。签收人应于接件当日即按文件的要求报送给有关部门，不得拖延。属急件的，应在接到后及时报送。

6.2.8 文印人员应遵守公司的保密制度，不泄漏工作中接触的公司保密事项。

6.2.9 打印文件，应按文件收发规定由主管领导签署，电报、传真、复印由部门经理签署。

打印文件，发传真，复印文件资料，均需分类逐项登记，以备查验。

文印人员必须按时、按质、按量完成每项打字、电报、电传、传真、复印任务，不得拖延。工作任务紧张时，应加班完成。工作中如遇不清楚的地方，应及时与有关人员校对清楚。

6.2.10 传真、文件、复印件应及时发送给有关人员。因积压迟误而致工作失误、损失的，追究当事人的责任。

6.2.11 复印机由专人管理，非专管人员不准私自开机复印。

6.2.12 办公室每月统计核算费用抄报财务部。

6.2.13 文印人员应爱护各种设备，节约用纸，降低消耗、费用。各种设备应按规范要求操作、保养，发现故障，应及时报请维修，以免影响工作。

6.2.14 严禁私事使用传真电话，违反者除补交电话费外，并视情节轻重给予 50~100 元扣发奖金处理，并从当月工资中扣除，屡教不改达 5 次者予以辞退。

第三节　档案管理

6.3.1 档案室由公司指派专人管理。

6.3.2 档案室的职责

（1）按照集中和统一管理的原则，负责接收人事、文书、财会、声像、工程技术档案的验收、入库、保管工作，并积极提供利用。

（2）在统一领导、分级管理的原则下，对下属单位和档案管理工作进行检查、监督和指导。

（3）负责档案的鉴定、销毁工作，对已超过保管期限的档案提出存留和销毁意见，并严格审批手续，做好保密工作。

（4）主动了解各部门和公司形成的档案材料，做到主动催收、及时完善。

（5）完成领导交办的其他有关档案业务的工作。

6.3.3 归档范围

凡是反映本公司职能工作的活动，具有查考利用价值的各种载体形式的文件材料，均属归档范围。

（一）文书档案归档范围

1. 上级单位的文件材料

（1）上级单位召开的需要贯彻执行的会议文件；

（2）上级单位颁发的属于本单位主管业务并要执行的文件，以及普发的、非本公司主管业务但需要贯彻执行的法规性文件。

2. 本公司的文件材料

（1）公司召开各种会议的全套会议文件；

（2）公司颁发的各种正式文件的签发稿、印制稿，重要文件的修改稿；

（3）本公司的请示与上级单位的批复文件，下级单位的请示与本公司的批复文件；

（4）本公司及其内部职能部门活动形成的工作计划、总结、报告；

（5）本公司检查下级单位工作，调查研究形成的重要文件材料；

（6）本公司或本公司汇总的统计报表、统计分析资料、财务报表、劳动工作审批表；

（7）内容重要的社会来信、来访材料、领导的指示和本公司处理社会来信、来访形成的记录、调查处理报告、统计分析材料等；

（8）本公司成立、合并、撤销、更改名称、启用印信及其组织简则、人员编制等文件材料；

（9）本公司制定的工作条例、章程、制度等文件材料；

（10）本公司（本行业）的历史沿革、大事记、年鉴，反映本公司（本行业）重要活动事件的剪报等文件材料；

（11）本公司劳动人事档案材料；

（12）本公司财产、物资、档案等的交接凭证、清册；

（13）本公司与有关单位签订的各种合同、协议书等文件材料。

3. 下级单位的文件材料

（1）下级单位报送的重要的工作计划、报告、总结、典型材料、统计报表、财务预算、决算等文件；

（2）下级单位报送的法规性备案文件。

（二）会计档案归档范围

1. 会计凭证；

2. 会计账簿；

3. 财务报告；

4. 其他（包括会计移交清册、档案保管清册、档案销毁清册）。

（三）音像档案归档范围

1. 公司重要会议、活动的录像带、照片；

2. 公司在各种媒体所做广告宣传的录像带、光盘、磁盘、照片等。

6.3.4 归档的时间

（1）文书档案、工程项目档案于每月底，由各部门和各项目负责人整理好后，移交档案室。外地项目公司的档案可自行保管，但必须把全部档案的复印件移交公司档案室，原件于工程结束后移交市档案馆，复印一套交公司档案室。

（2）会计档案在会计年度终了后，可暂由会计部门自行保管三年，于第四年第一季度，由会计部门编制移交清册，移交档案室统一保管。

（3）音像档案采取随时归档的办法。

6.3.5 归档的程序

公司在日常工作中形成的文件、资料，由各单位的档案员统一收集、整理、分类、立卷，按规定时限，送交公司档案室统一保管。

6.3.6 归档的要求

（1）归档文件材料应完整、准确、系统、手续完备、字迹清晰、耐久。归档的案卷必须符合质量要求，保持文件之间的有机联系。

（2）会计档案应当由财务部按照归档要求，负责整理立卷，装订成册，编制会计档案保管清册。

（3）移交档案室保管的会计档案，原则上应当保持原卷册的封装。个别需要拆卷重新整理的，档案室应当会同财务部和经办人员共同拆封整理，以分清责任。会计凭证案卷和账簿案卷应装入市档案部门统一规定的专用会计档案盒保管，并按规定填写标签。

（4）公司各部门、各子公司应配备文件接收、移交登记本，便于日常工作中对文件材料的记录和整理，移交档案室时由档案管理员清点、签字。

6.3.7 档案的立卷归档内容与保管期限

（1）文书档案保管期限为永久、长期、短期三种。其中：长期（16年至50年），短期（15年以下）。

（2）财会档案保管期限分为永久、定期二种。定期保管期限分为5年、15年、25年三种。

（3）照片、声像档案保管期限分为永久、长期二种。（依据载体的保存价值而定）。

（4）技术或工程档案保管期限分为永久、长期、短期三种。其中：永久性工程档案永久保存，长期20年至60年，短期20年以下。

6.3.8 档案借阅、利用制度

（1）本公司工作人员查阅档案资料，必须填写《查阅档案登记簿》，涉密文件需经总经理批准同意后方可查阅。

（2）利用档案一般只限在档案室查阅，因特殊情况确需借阅者，须办理档案借阅手续，退回借阅的档案时，档案管理员应当面核点无误后注销，如发现有缺页、缺卷应立即追查处理。公司重要档案资料的借阅需经分管领导批准同意后方可借阅。

（3）借阅档案期限一般不超过一周，到期后仍需利用的，须向档案室说明理由，办理续借手续。

（4）本公司档案不对外开放，外单位查阅档案者，须经综合办公室主任批准后方可查阅。

（5）借阅者要爱护档案资料，严禁涂改、圈划、抽换、批注、污损、折皱，如发现上述情况，应及时追查。

6.3.9 档案保管

（1）档案室具有防火、防盗、防高温、防潮、防虫等设施，确保档案的安全管理。

（2）档案室应保持整洁卫生，不得在档案室内乱堆杂物。

（3）档案室内的档案装具排列有序，统一编号，整齐划一。档案排列应系统反映档案整理分类的具体成果，并依次按自上而下、自左而右的顺序进行。

（4）档案橱柜应有统一的显示档案门类的标牌。

（5）每年检查一次室藏档案，并填写检查记录，对已破损或字迹褪色的重要档案要及时修复或复制，最大限度地延长档案的寿命。

（6）档案接收、移出要填写接收、移出登记簿，严格交接手续，做到准确无误。

（7）建立全宗卷，保持全宗管理的连续性。

6.3.10 档案统计制度

（1）本公司的档案统计工作，必须严格遵守《中华人民共和国统计法》及《中华人民共和国统计法实施细则》的有关规定，不能有任何随意性。

（2）档案人员应本着认真、严肃、负责的精神，按照统一的规定和要求，及时准确地向有关部门、公司领导报送统计报表，不得虚报、瞒报和漏报。

（3）室藏档案的统计

建立"接收、移出档案登记簿"，对接收、移出、销毁档案要及时进行登记，做到账物相符。

（4）利用档案统计

每半年应将查阅利用档案的登记簿进行装订并将档案利用情况进行统计，年终进行汇总。

（5）完成档案行政管理部门部署的统计报表的提报工作。

第四节　办公用品领用规定

6.4.1 公司各部门所需的办公用品，由专人统一购置，各部门按实际需要领用。

6.4.2 各部门专用的表格格式，由公司统一印制。

6.4.3 办公室用品只能用于办公，不得挪作他用或私用。

6.4.4 所有员工对办公用品必须爱护，勤俭节约，杜绝浪费，禁止侵占，努力降低消耗、费用。

6.4.5 购置日常办公用品或报销正常办公费用，由经理审批，购置大宗、高级办公用品，必须报经理和董事长（执行董事）批准后始得购置。

第五节　电脑使用规定

6.5.1 工作使用电脑，必须爱护使用。所有电脑均严禁安装任何游戏软件，所有电脑均由指定人员使用，他人严禁使用电脑，在离开公司外出时，必须将电脑及显示屏关闭方可离开。

6.5.2 不允许使用电脑从事传播含有反动和不健康内容的活动。

6.5.3 为避免电脑遭受病毒的侵袭，严禁从网上下载、安装与工作无关的内容、软件、工具，不允许在电脑上使用来历不明的软盘、光盘。若经发现，每次处以扣发50~100元奖金。

6.5.4 不允许使用电脑安装游戏，工作时间不得玩游戏和听音乐、看电影电视以及炒股或做其他与工作无关事宜，若经发现，每次处以扣发 50~100 元奖金。

6.5.5 不允许办公室以外的人员随意使用电脑。

6.5.6 所有电脑必须安装杀毒软件，并及时进行升级。

6.5.7 使用者必须保持设备及其所在环境的清洁。做好电脑的日常清洁，包括硬件清洁（键盘、机箱、显示器、鼠标、电脑桌等）和软件清洁（电脑文件的规范存放、无用文件的及时删除等）。

6.5.8 各部门电脑的维修由专人负责。

6.5.9 凡违反上述规定，造成电脑系统紊乱、硬件损坏的要追究当事人的责任，按损坏程度由当事人负责赔偿。

第六节 电话使用规定

6.6.1 电话为办公配备、使用。

6.6.2 禁止员工为私事使用公司电话。违者除补交长途电话费外，还给予每次扣发 50~100 元奖金处理。

6.6.3 联系业务时应尽量减少拨打长途电话，降低费用。

第七节 关于发送快递的规定

6.7.1 公司员工在使用快递服务的同时，应该本着节约、少用的思想节俭费用开支。不需要发快递的，尽量不要发。

原则上能让对方来取的件绝不要发快递；能捎的尽量捎；能自己送的要尽量自己送；能自己取的，尽量自己取；能对方付费的尽量要求对方付费。

6.7.2 所发送的货物必须与本公司的工作、业务相关。任何与工作无关的个人物品，发送时只能个人结算，不得报销，否则扣发相当于 10 倍的奖金。

6.7.3 公司业务相关的快递，发件时必须在公司规定的发件记录本上详细登记，并保留好底单。

6.7.4 国内发件时，发件后要保留好发件底单、发票、发件记录。如果有预付的，报销时要一并出示发件底单。丢失底单或/和发票的，不予报销。

6.7.5 发国际件时，除必须在登记本详细登记发件信息外，还需要以书面形式将快递公司的名称、发件的时间、货物内容等信息及时通知收件人，以便对方及时查询。

6.7.6 国内接件，在收到对方通知时，要顺便确认是否已经预付，并要求对方预付。

6.7.7 所有快递的收发必须有发件人的亲笔签字，并事先询问发件费用，在确认完费用属于合理情况后方可发送，以防止快递公司虚假收费、乱收费用的情况。

第七章 考勤

7.1 为了加强劳动纪律和工作秩序，制定本制度。

7.2 本公司除特殊工作人员外，均需遵守本制度，特殊工作人员不进行考勤须经总经理批准。

7.3 公司上班时间：

（1）5月1日至9月30日每周一至周五　上午8：30～11：30；下午1：00～6：00

（2）10月1日至4月30日每周一至周五 上午8：30～12：00　；下午1：00～5：30

7.4 公司员工准时上班，不得迟到、早退、旷工：

（1）工作时间开始后30分钟以内上班视为迟到，首次予以批评教育，2次及以上的，每次扣发30元奖金。

（2）工作时间结束前30分钟以内下班视为早退，首次予以批评教育，2次及以上的，每次扣发30元奖金。

（3）晚到超出 30 分钟不足半天视为缺勤半个工作日。每次处以扣发相当于半天工资的奖金，但不足 50 元的按 50 元算，超过的据实算。

（4）缺勤超出半天不足一天的按一天算，每次处以扣发相当于一天工资的奖金，但不足 100 元的按 100 元算，超过的据实算。

（5）员工没有请假而缺勤达到 1 天以上 3 天以内的，视为旷工。旷工每一天处以扣发单天工资 1.5 倍的奖金，不足 150 元的按 150 元算，超过的据实算。旷工超过 3 天，公司除按上述规定予以处罚外，有权解除劳动合同。

第八章　保密

第一节　总则

8.1.1 为保守公司秘密，维护公司发展和利益，制定本制度。

第二节　保密范围

8.2.1 全体员工都有保守公司秘密的义务。

8.2.2 在对外交往和合作中，须特别注意不泄漏公司秘密，更不准出卖公司的秘密。

8.2.3 公司秘密是关系公司发展和利益，在一定时间内只限一定范围的员工知悉的事项。公司秘密包括下列秘密事项：

（1）公司经营发展决策中的秘密事项；

（2）人事决策中的秘密事项；

（3）专有生产技术及新生产技术；

（4）招标项目的标底、合作条件、贸易条件；

（5）重要的合同、客户和贸易渠道；

（6）公司非向公众公开的财务、银行账户账号；

（7）董事长（执行董事）或总经理确定的其他应当保守的公司秘密事项。

8.2.4 属于公司秘密的文件、资料，应标明"秘密"字样，由专人负责印制、收发、传递、保管。

8.2.5 公司秘密应根据需要，限于一定范围的员工接触。

8.2.6 非经批准，不准复印、摘抄秘密文件、资料。

8.2.7 记载有公司秘密事项的工作笔记，持有人必须妥善保管。如有遗失，必须立即报告并采取补救措施。

8.2.8 接触公司秘密的员工，未经批准不准向他人泄漏。非接触公司秘密的员工，不准打听、刺探公司秘密。

违反本规定故意或过失泄漏公司秘密的，应当对给公司造成的损失承担赔偿责任，并视情节及危害后果予以处分或经济处罚，直至予以辞退。

8.2.9 对在保守、保护公司秘密以及改进保密技术、措施等方面成绩显著的部门或职员实行奖励。

第三节　保密措施

8.3.1 属于公司秘密的文件、资料和其他物品的制作、收发、传递、使用、复制、摘抄、保存和销毁，由总经理、办公室或部门经理委托专人执行；采用电脑技术存取、处理、传递的公司秘密由办公室负责保密。

8.3.2 对于密级文件、资料和其他物品，必须采取以下保密措施：

（1）非经董事长（执行董事）或总经理批准，不得复制和摘抄；

（2）收发、传递和外出携带，由指定人员担任，并采取必要的安全措施；

（3）在设备完善的保险装置中保存。

8.3.3 属于公司秘密的设备或者产品的研制、生产、运输、使用、保存、维修和销毁，由公司指定专门部门负责执行，并采取相应的保密措施。

8.3.4 在对外交往与合作中需要提供公司秘密事项的，应当事先经总经理批准。

8.3.5 属于公司秘密内容的会议和其他活动，主办部门应采取下列保密措施：

（1）选择具备保密条件的会议场所。

（2）根据工作需要，限定参加会议人员的范围，对参加涉及密级事项会议的人员予以指定。

（3）依照保密规定使用会议设备和管理会议文件。

（4）确定会议内容是否传达及传达范围。

8.3.6 公司员工发现公司秘密已经泄露或者可能泄露时，应当立即采取补救措施并及时报告总经理。

第四节　员工的保密职责

8.4.1 严守秘密，不以任何方式泄漏公司秘密。

8.4.2 不向其他部门员工窥探、过问非本人工作职责内的公司秘密。

8.4.3 秘密文件应存放在有保密设施的文件柜内，不得带有秘密性质的文件到无关的场所。

8.4.4 计算机中的保密文件必须设置口令，并将口令报告部门负责人。

8.4.5 不在公共场所谈论公司保密事项或交接保密文件。

8.4.6 保密文件、资料不准私自翻印、复印、拷贝、摘录、借阅和外传。因工作需要翻印、复制时，应经部门负责人批准后办理相关手续，报办公室备案。

8.4.7 凡召开重要会议，与会人员不得随意泄露会议内容，会议记录要集中管理。

8.4.8 公司的保密文件作废时应妥善处理，不得乱扔乱丢。

8.4.9 不得将公司的秘密资料作废品、废纸出售。

8.4.10 员工离开办公场所时，必须将文件资料放入抽屉或文件柜中。

8.4.11 不准在私人交往和通信中泄露公司秘密，不准通过其他方式传递公司资料和在个人电脑、硬盘、家中存放公司秘密。

8.4.12 部门负责人对本部门的保密工作负责。

第五节 对调职、离职员工的保密规定

8.5.1 调职或离职员工必须将自己保管的保密文件或其他物品，上交部门负责人，切不可随意移交给其他人员。

8.5.2 调职或离职员工仍应继续承担保守公司秘密的义务，不得利用在本公司所获得的技术成果、所掌握的市场信息、客户资料从事与本公司经营范围相同的工作。

第六节 印鉴管理规定

8.6.1 印鉴由公司指派人员统一负责管理。平时存放于保险柜内，并外加其他安全措施。

8.6.2 使用印鉴必须严格履行有关手续。使用印鉴必须由董事长（执行董事）或总经理批准。

8.6.3 严禁盖空白章，非特殊情况，不允许带印鉴外出，确需携带印鉴外出使用，需经董事长（执行董事）或总经理批准，由印鉴管理人员现场盖章。

8.6.4 严格搞好印鉴使用登记。使用印鉴时，印鉴管理人员要将文件名称、批准人、经办人、份数等一一登记在册，建档备查。

8.6.5 印章保管人员未经批准为自己或他人盖章的，应对给公司造成的损失承担赔偿责任。累计两次，公司将对相关人员予以辞退。

8.6.6 员工违反上述规定，给公司造成损失，由当事人负责赔偿，公司保留追究其法律责任的权利。

第七节　责任与处罚

8.7.1 公司员工违反了员工保密职责和规定，便被认为是侵犯了公司的商业秘密，即：

（1）以盗窃、利诱、胁迫或者其他不正当手段获取公司的商业秘密；

（2）披露、使用或者许可他人使用公司商业秘密；

（3）违反约定或者违反公司有关保守商业秘密的要求，披露、使用或者许可他人使用其所掌握的商业秘密。

违反上述规定的员工，除应承担相应的民事赔偿责任外，情节严重的，将移送司法机关，依法追究其刑事责任。

8.7.2 出现下列情况之一的，予以辞退并酌情赔偿经济损失，情节严重的，将移送司法机关，依法追究其刑事责任。

（1）故意或过失泄露公司秘密，造成严重后果或重大经济损失的；

（2）违反本保密制度规定，为他人窃取、刺探、收买或违章提供公司秘密的；

（3）利用职权强制他人违反保密规定的。

第八节　附则

8.8.1 本制度规定的泄密是指下列行为之一：

（1）使公司秘密被不应知悉者知悉的；

（2）使公司秘密超出了限定的接触范围，而不能证明未被不应知悉者知悉的。

8.8.2 关于损害赔偿的数额，为公司因侵权所遭受的损失加侵权人因侵权行为所获得的利益。

第九章　安全保卫

9.1 为了维护正常的生产秩序、工作秩序，确保财产安全和生产安全，特制定本制度。

9.2 安全保卫工作，要认真落实责任制，总经理是公司安全保卫工作责任人，应把安全保卫工作切实提上议事日程，进行研究、部署，对本公司的安全保卫工作负全责。

9.3 公司及下属公司成立安全保卫工作领导小组，定期检查安全保卫工作，发现问题，及时采取措施解决。

9.4 公司设保卫专人，负责安全保卫工作。

下属公司根据实际需要设专职或兼职的安全保卫责任人，切实负起安全保卫职责。

9.5 公司对新员工要认真执行"先培训，后上岗"的规定，进行安全培训。

9.6 公司所有的固定资产应尽量购买商业保险，确保固定资产安全。

9.7 落实防火措施

（1）办公室、车间、仓库和宿舍楼要按照消防规范设置消防栓，不得用作他用，责任人应定期检查消防栓是否完好无损；

（2）办公楼、车间、仓库和宿舍楼设置的消防栓，不得用作他用，并按照规定更换灭火药物；

（3）易燃、易爆物品要按消防规范的要求完善存放，并派专人保管，不得乱放、混放；

（4）车间、仓库未落实消防措施的，不得开工、使用；

（5）进行明火作业，应当采取必要的防护措施；

（6）防火通道必须保持畅通，严禁堆放任何物品堵塞；

（7）严禁违反安全规范乱搭乱建；

（8）宿舍与生产厂房及仓库应分开，保持安全间隔，严禁混杂在一起。

9.8 抓好安全用电

（1）电线、电器残旧不符合规范的，应及时更换；

（2）严禁擅自接通电源和使用额外电器，不准在办公室、集体宿舍和生产场所使用电炉；

（3）配电室、空调机房、电梯机房、生产车间等重地，严禁吸烟和使用明火，非专业管理人员，不得随意进入。

9.9 落实防盗措施

（1）公司应设有门卫；

（2）财务室、保密室、仓库等重要部门在必要时安装自动报警系统，下班时要接通报警系统的电源；

（3）重要部门的房间要设置铁匣铁窗，办公房间无人在时要关好门窗和电灯；

（4）公家财务不能随便乱放，重要文件及贵重物品必须锁好；

（5）车辆停放时应采取必要的防盗措施。

9.10 全体员工都有遵守本制度及有关安全规范的义务。凡违反本规定的，一律追究责任，情节严重构成犯罪的，移交司法部门追究刑事责任。

第十章　岗位职责

第一节　董事长（执行董事）的职责

10.1 董事长（执行董事）的职责

（1）召集、主持股东会；

（2）签署本公司的重要合同及其他重要文件；

（3）提名总经理人选；

（4）指导本公司的重大业务活动；

（5）股东会赋予的其他职责。

第二节　总经理的职责

10.2 总经理的职责

（1）执行公司章程，对董事长（执行董事）负责并报告工作；

（2）全面负责公司的经营管理；

（3）组织和制定公司生产、年度经营、发展、财务、人事、劳资、福利等计划，报董事会批准实行，主持制定公司年度预、决算报告；

（4）根据董事长（执行董事）的授权，代表公司对外签署合同和协议；

（5）定期向董事长（执行董事）提交经营计划、财务报表等报告工作；

（6）向董事长（执行董事）提名任免公司高级职员、部门经理（主任）；

（7）决定员工的奖惩、定级、升级、加薪、招工、雇用或解雇辞退；

（8）提出聘用专业顾问人选，报董事长（执行董事）批准；

（9）提出机构设置、调整或报销的意见，报董事长（执行董事）批准；

（10）签发日常行政、业务和财务等文件；

（11）由董事长（执行董事）授权处理的有关事宜；

董事长（执行董事）可以兼任总经理。

第三节　办公室主任的职责

10.3 办公室主任的职责

（1）主持办公室全面工作；

（2）处理公司日常行政事务，接待、处理来信来访；

（3）做好上传下达、下情上报工作，深入调查研究，了解掌握情况，发现问题及时向领导汇报，当好领导参谋；

（4）处理公司的公关事务，接待客户，负责公司对外的联谊联络工作，策划公司的对外宣传、广告等大型活动；

（5）负责起草公司文件、报告和编制资料；

（6）负责安排公司的会议及活动；

（7）做好后勤工作，关心员工的生活，帮助员工解决实际困难，解除员工后顾之忧；

（8）管理好勤务工作和环卫工作；

（9）协助做好员工培训和计划生育等工作；

（10）总经理授权委托的其他工作。

第四节　会计的职责

10.4 会计的职责

（1）按照国家会计制度的规定及时记账，报账做到手续完备，数字准确，账目清楚。

（2）按照经济核算原则，定期检查，分析公司财务、成本和利润的执行情况，挖掘增收节支潜力，考核资金使用效果，及时向总经理提出合理化建议，当好公司参谋。

（3）妥善保管会计凭证、会计账簿、会计报表和其他会计资料。

（4）完成总经理交付的其他工作。

第五节　出纳的职责

10.5 出纳的职责

（1）认真执行现金管理制度。

（2）严格执行库存现金限额，超过部分必须及时送存银行，不坐支现金，不认白条抵押现金。

（3）建立健全现金出纳各种账目，严格审核现金收付凭证。

（4）严格支票管理制度，编制支票使用手续，使用支票须经总经理签字后，方可生效。

（5）积极配合银行做好对账、报账工作。

（6）配合会计做好各种账务处理。

（7）完成总经理交付的其他工作。

第六节　部门负责人的职责

10.6 部门负责人的职责

（1）熟悉产品和市场，做好询报价记录并及时向直接上级汇报，做好产品供应商的整理、统计、分析工作。

（2）负责维护、跟踪和管理客户。

（3）负责市场的开拓并开发新客户。

（4）建立客户和供应商档案，对客户供应商资料进行管理。

（5）带领所属员工利用网络、展会等其他信息积极开发新客户，保证定期和客户联系，推荐公司产品。

（6）带领所属员工严格执行公司的规章制度。

（7）执行公司下达的销售任务，实现销售目标。

（8）完成上级交给的其他任务。

第七节 业务员的职责

10.7 业务员的职责：

（1）承办各项业务，做到积极联系、事前请示、事后汇报、忠于职守、廉洁奉公；

（2）遵守各项规章制度，按时上下班；经经理同意后方准外出联系业务；请示并获书面批准后方可签约；

（3）不得利用业务为自己谋私利，不得擅自接受或索要客户的回扣、佣金；不得损害本单位利益牟取私利；不得介绍客户或转移业务给其他单位牟取私利；

（4）对各项业务负责到底，对应收的款项和商品，按照合同的规定追索和催收，出现问题及时汇报、请示并处理；

（5）积极发展新客户，与客户保持良好的关系和持久的联系，不断开拓业务渠道；

（6）出差时应节俭交通、住宿、业务请客等各种费用，不得奢侈浪费；

（7）按照公司要求催收货款、与客户进行对账，否则公司有权暂缓发放奖金或提成；

（8）公司领导交办的其他工作。

第八节 生产车间员工职责

10.8 生产车间员工职责

（1）严格遵守公司生产车间管理规定；

（2）严格遵守生产车间各项操作规程和制度；

（3）按时完成生产任务；

（4）认真负责，严把质量关，由于员工原因，导致产品质量不合格，公司有权扣发当月奖金；

（5）按时完成公司交办的其他工作。

第十一章　奖惩

第一节　奖励

11.1.1　业务奖励

今后将选择时机实行根据所负责订单业务额按比例发放奖金的办法。

11.1.2　对下列表现之一的员工，由公司研究决定给予适当奖励：

（1）遵纪守法，执行公司规章制度，思想进步、文明礼貌、团结互助，事迹突出；

（2）一贯忠于职守、积极负责，廉洁奉公，全年无出现事故；

（3）完成计划指标，经济效益良好；

（4）积极向公司提出合理化建议，被公司采纳；

（5）全年无缺勤，积极做好本职工作；

（6）维护公司利益，为公司争得荣誉，防止或挽救事故与经济损失有功；

（7）维护财经纪律，抵制歪风邪气，事迹突出；

（8）节约资金，节俭费用，事迹突出；

（9）领导有方，带领员工良好完成各项任务；

（10）坚持自学，不断提高业务水平，任职期限内取得中专以上文凭或获得其他专业证书；

（11）其他对公司作出贡献，董事长（执行董事）或总经理认为应当给予奖励的行为。

第二节 处罚

11.2.1 员工有下列行为之一的，经批评教育不改的，视情节轻重，分别给予扣除一定数额的奖金、扣除部分工资、警告、记过、降级、辞退等处分：

(1) 违反国家法律、法规、政策和公司规章制度，造成经济损失或不良影响的；

(2) 违反劳动纪律，迟到、早退累计达 3 次、矿工超过 1 天或者消极怠工，没有完成工作任务的；

(3) 不服从工作安排和调动、指挥，或无理取闹，影响生产秩序、工作秩序的；

(4) 拒不执行董事长（执行董事）、总经理或部门经理领导决定，干扰工作的；

(5) 工作不负责，损坏设备、工具，浪费原材料、能源，造成经济损失的；

(6) 玩忽职守，违章操作或违章指挥，造成事故或经济损失的；

(7) 滥用职权，违反财经纪律，挥霍浪费公司资财，损公肥私，造成经济损失的；

(8) 财务人员不坚持财务制度，丧失原则，造成经济损失的；

(9)（职务）侵占、盗窃、行贿受贿、敲诈勒索、赌博、流氓斗殴，尚未达到刑事处分的；

(10) 挑动是非，破坏团结，损害他人名誉或领导威信，影响恶劣的；

(11) 泄露公司秘密，把公司客户介绍给他人或向客户索取回扣、介绍费的；

（12）散布谣言，损害公司声誉的；

（13）利用职权对员工打击报复或包庇员工违法乱纪行为的；

（14）进入生产车间不穿工作服，离开车间不脱工作服，违反一次扣奖金170元；

（15）将手机、打火机或其他危险品带入生产车间的，违反一次扣奖金100元；

（16）有其他违章违纪行为，董事长（执行董事）或总经理认为应予以处罚的。

11.2.2 上述行为造成公司经济损失的，责任人除承担上条规定的责任外，必须全额赔偿公司损失。

11.2.3 各部门负责人发现本部门员工犯有违反制度规定的行为时，应及时向总经理报告。

11.2.4 对员工进行处分，应书面通知本人，经本人签收后，并存入档案。

11.2.5 员工对处分决定不服的，有权提请复议；对复议决定不服的，可以向上级主管机关申诉。

第十二章　附则

12.1 本规章制度经由职工代表大会通过后实施。

12.2 本规章制度的解释权归公司董事长（执行董事）所有，在对本规章制度进行修改时，仍应由职工代表大会通过。本规章制度的内容与法律不一致时，以法律规定为准。

12.3 本规章制度中所指的员工与我国《劳动合同法》中所指的劳动者具有相同含意。

八、律师函的发送

企业在经营过程中，会面临催讨货款、督促合作伙伴履行义务、表明己方态度、制止侵权行为等事项，为了引起对方的重视，企业会要求律师向对方发送律师函。因此，律师函是律师在为企业提供服务过程中经常会用到的法律文书，律师应当根据企业的要求，在了解事实和证据后，及时发送。

1. 律师函在书写过程中应当注意以下事项

律师函是律师工作中常用的法律文书，但对于律师函到底该如何书写，却没有统一的标准，应用中也是五花八门，各家律所和律师都有自己的标准。那么，律师函到底该如何写呢？本书作者结合自己的工作经验，谈谈自己的认识。

（1）律师函的格式应当统一。在这一点上，大的律所做得比较好，一般都有自己固定的格式，页眉页脚也都统一。但有些律师出具的律师函，却相当随意，只是一张普通的 A4 纸，上面除了加盖的公章外，没有任何关于律所的信息。这是相当不好的，给人一种不正式的感觉，起不到律师函想要的威慑作用。

（2）内容宜简不宜繁。作者曾看到一份律师函，长达 9 页，收到律师函的企业直接蒙了，看不懂什么意思，拿来找作者咨询。当然，作者不知道这是不是对方律师的意图，就是为了让人"不明觉厉"。可本书认为，这不是一种好的做法，这就相当于两个语言不通的人在交流，中间加了个翻译。无疑，这加大了沟通的成本。

律师函如果让人看不懂，这无疑是很失败的，因为律师函的目的，就是为了要求对方做出一定的行为或停止一定的行为。假如对方看不懂律师函，又如何按照律师函的要求去做呢？

还有，律师函中对事实部分的陈述如果过于详细，反而容易产生一些问题，如果律师对事实的陈述准确无误还好，万一有出入，作出了对律师委托人不利的陈述，反而成了对方的证据。因此，本书的建议是律师函尽量在一页纸以内，让人一目了然，一读就懂。

（3）主张应当明确。这一点之所以要特别提出，也是因为在现实中有一些律师函，前面写了一大堆，最后也没表达清楚到底要干什么，甚至出现前后不一致的主张，这是大忌，会让对方搞不清楚，甚至觉得律师函就是一张没用的纸。

（4）法律依据简明扼要。还有一些律师函，在列明法律依据的时候，全文引用，甚至罗列出十几条法律条文，这完全没有必要。律师在陈述事实之后，简明扼要引用法律即可，对于一些不常用的法律条文或重要条文，可以全文引用，一般的法律条文，列明法律名称和第几条即可，没必要全文引用，那样看上去，完全成了法律条文的堆砌，淹没了律师函的主要意思。

（5）末尾应当有威慑性的语言。律师函的最后，一般是表明委托人的要求，同时，在表明要求之后，还应当加上一些威慑性的语言，明确告诉对方，如果对方不同意委托人的要求，委托人将会采取什么行动，对方会遭受什么损失，承担什么责任。这个时候，用语应当严厉，具有威慑性，否则，律师函的作用就难以发挥。

2. 正确认识律师函的作用

虽然大多数人对律师函的作用比较清楚，但仍有一些人，将律师函等同于法院的判决书，认为发送一份律师函以后，对方就必须按照律师函的要求来履行义务。实际上，这是极大的误区。律师函在本质上，是律师事务所和律师接受委托人的委托后，就有关事项向特定对象进行告知、提出要求或主张权利的文书，并不具有强制力，与法院的判决书具有本质上的不同。律师在发送律师函以前，如果发现企业有这种想法，一定要解释清楚，以免造成误会。

3. 避免律师函的副作用

事实上，有一些情况是不适合发送律师函的。比如，当债务人已经有逃避债务的意向，或者债务人履行能力已经不强的时候，或者对一些信用不高的债务人，律师函不但起不到催促对方履行义务的作用，甚至会导致债务人转移财产。这个时候，律师应当建议企业不要发送律师函，而是在直接起诉的同时，申请财产保全，尽最大努力维护企业的利益。

九、参加董事会、股东（大）会

部分企业会邀请律师参加董事会、股东（大）会，甚至会要求律师作见证，出具法律意见书，为了防范风险和保障会议决议的有效性，律师应当严格依据《公司法》等法律法规和企业章程来监督会议的举行，保证会议程序合法、决议合法。

律师在参加董事会、股东（大）会时应当注意以下事项：

1. 保密

保密是律师职业道德的要求，也是法律对律师的要求，律师在为企业服务过程中，会了解到企业许多商业秘密，律师应当依法承担保密义务。特别是，董事会、股东（大）会上很可能会讨论企业经营中的一些重大事项，律师知悉后，更应当承担保密义务。

2. 避免参与到商业事项的讨论中

当会议在讨论商业事项时，律师不应当参与讨论。除非讨论的事项涉及法律风险，需要律师发表意见，这个时候，律师也应当仅就法律事项发表意见，不能越俎代庖地对商业事项本身发表意见。律师如果越界，一是很可能会发表错误的意见，二是会让自身处于风险当中。

十、参与企业治理结构完善工作

企业章程是企业的"宪法",董事会、监事会、股东(大)会的议事规则就像各部法律一样与"宪法"共同构成了企业的治理结构。但在现实中,企业的章程大多都是按照工商部门提供的样本制定的,内容非常笼统,议事规则大多没有,这些都不利于企业治理结构的完善。律师可以根据企业的需要,从企业章程入手,逐步完善企业的治理结构。

事实上,企业治理结构的不完善已经成为造成股东之间纠纷和企业困局的重要原因。"合伙的生意难做",这句话在现实中被一次次应验。究其原因,主要就是企业治理结构出现问题,导致股东之间产生矛盾,矛盾产生之后,又没有化解的途径,最终导致企业陷入困局。因此,对于股东较多的企业来说,律师应当重视这方面的工作。

律师在帮助企业完善治理结构时,应当充分考虑所有股东的诉求,尽量站在客观中立的立场上,以帮助企业提高效率、维护正常的管理秩序、平衡各方利益的原则来实施企业章程;以保障企业健康发展为目标,通过企业治理结构的完善,理顺各股东之间的关系;让企业所有者、管理者、监督者各司其职,共同努力将企业做大做强。

十一、尽职调查工作

2001 年 3 月 1 日,中国证券监督管理委员会发布了《公开发行证券公司信息披露的编报规则第 12 号——律师法律意见书和律师工作报告》。该文件第 5 条规定:"律师在律师工作报告中应详尽、完整地阐述所履行尽职调查的情况,在法律意见书中所发表意见或结论的依据、进行有关核查验证的过程、所涉及的必要资料或文件。"这是"尽职调查"这一用语首次在官方文件中被使用，律师界也从此开始了对尽职调查的研究和应用。由上面的规定我们可以看出，尽职调查最早是出现在公开发行的证券领域，相对来说，尽职调查的要求也比较高。但本书所称的尽职调查，并不仅仅局限于上述领域，而是指律师接受委托人委托后，就委托事项开展的调查活动。

尽职调查工作是律师依据企业的要求，对企业合作伙伴、客户、供应商或某一专项事务，进行法律调查并出具工作报告的一项工作，是律师提供法律服务的重要方式。律师在从事尽职调查工作时，应当充分了解企业的需求，调查要有针对性和实用性。尽职调查工作应当注意以下事项：

1. 声明调查的局限性

众所周知，由于我国律师目前的调查权有限，再加上尽职调查很大程度上取决于被调查对象的配合程度，因此律师在从事尽职调查时，一定要向委托人说明调查的局限性，防止委托人有过高的期待，这些局限性包括：

（1）调查手段的局限性。律师目前的调查手段有限，只能通过一些有限的途径进行调查，更多的信息依赖于被调查对象的提供，这决定了律师取得信息的有限性，律师只能依据有限的信息发表法律意见。现实中，很多委托人寄希望于律师调查对方的银行账户、债权债务、对外担保等信息，而这些信息，律师要么无权调查，要么无法调查，根本实现不了委托人的目的。更有些委托人希望律师调查自然人的通话记录、身份信息、家庭住址等隐私信息，在取得合法依据之前，律师对这部分要求应当拒绝，以免侵犯他人隐私，被追究法律责任。

（2）调查时效的局限性。任何调查都是有时效性的，法律调查尤其如此，调查对象会随着时间的推移而发生变化。因此，律师在调查报告中必须明确指出调查的时间节点，以免造成不必要的纠纷。

（3）专业的局限性。律师由于专业的原因，只能对职业范围内的事项进行调查，出具报告，而对于诸如财务、资产评估等事项并不专业，无法对此类事项进行调查，一般需要依赖于专业机构出具的意见，在意见的基础上，发表法律意见。因此，当委托人的诉求包含以上事项时，律师应当建议委托人聘请专业机构与律师共同进行尽职调查。

2. 妥善保存工作底稿

工作底稿是律师撰写尽职调查报告的依据，也是证明律师实际工作过程的证据，律师要妥善保管，一旦发生纠纷，工作底稿就是律师能否免责的重要证据。正如前面中国证券监督管理委员会的文件所规定的，工作报告（工作底稿）是必备文件，律师不能在尽职调查工作后仅仅出具尽职调查报告。

3. 调查结论要专业

限于专业，律师只能对法律事项发表意见，无法对其他事项发表意见，当调查工作完成后，律师应当基于调查取得的证据，发表专业的法律意见，供委托人决策使用。

十二、回访工作

律师在为企业提供法律顾问服务时，一般都会遇到企业在一段时间内没有法律事务，也不找律师的情况。在这种情况下，律师千万不要以为企业是不需要法律顾问的，原因很可能是多方面的，比如企业人事有变动，新任负责人不了解律师；企业没有认识到有些工作需要律师参与等。因此，为了提供更好的法律服务，尽到法律顾问的职责，律师应当采取回访的方式，了解企业的需求。

1. 定期电话回访

电话回访是一种比较方便的方式，缺点是不能就一些事项进行深入的沟通，而且由于通话时间的限制，一些事务也无法涉及，只能用做初步的沟通。

2. 定期上门回访

上门回访是一种比较好的服务方式，可以让律师与企业进行深入的交流，对企业的近况有一个充分的了解，便于律师发现企业存在的法律问题，提供有针对性的服务。上门服务还可以加深律师与企业的交流，增加互信。

3. 一年两次书面征求意见

书面征求意见可以引起企业的重视，也体现律师对企业的重视，而且企业在回复时，可以有比较充分的时间思考，让一些问题更好地暴露出来。

十三、其他法律事务的处理

企业在经营过程中，还会遇到各种各样的法律问题，比如税务问题、企业员工涉及刑事案件、保险问题等，律师都要及时给予解答，帮助企业化解法律风险。

第三节 合同拟订、审查和档案管理

由于合同拟订、审查是律师日常工作中常见的内容，也是律师为企业担任法律顾问时最重要的工作之一，同时，合同拟订、审查的内容较多，故将此部分单独作为一节。在合同拟订、审查过程中，律师要注意的是，不能只是停留在制作标准合同上，要针对企业的特殊情况、每次交易的特殊情况，对合同作出相应的修改，最大限度地促成交易，降低法律风险，维护顾问单位的利益。在现实中，既要防止合同出现重大法律漏洞，也要防止将合同设计的过于偏向顾问单位，从而导致交易失败。

律师在从事这项工作时，有以下几点注意事项：

一、了解合同背景

这一点特别重要，也最容易被忽略。作者曾经经历过最糟糕的一次审查合同的经历，在没有问清楚企业是合同哪一方的情况下，凭着自己的判断对合同进行了审查，结果在交付工作成果的时候发现，自己弄反了。没办法，只好重新审查一遍。应该说，作者还算幸运，在最后交付工作成果之前发现了问题，如果没有发现问题的话，无疑会造成非常严重的后果。

律师在了解合同背景时，还应当做好以下工作：

1. 了解对方的基本信息

如果对方也是企业，应当提醒顾问单位保留对方营业执照复印件以及联系电话（最好是法定代表人的手机号）；如果对方是自然人，应详细记录其身份证号码、家庭住址、电话（最好是手机号）。了解这些信息有利于当出现纠纷的时候，及时与对方联系。现实中有些情况下，一方履约不能，另一方想通知对方解除合同，结果发现一没有对方的电话号码，二没有对方的详细通讯地址，导致无法履行通知义务。同时，这么做也有利于日后进行诉讼，方便法院进行送达。在《最高人民法院关于进一步推进案件繁简分流优化司法资源配置的若干意见（法发〔2016〕21号）》中，已经明确规定"当事人在纠纷发生之前约定送达地址的，人民法院可以将该地址作为送达诉讼文书的确认地址"，因此，提前了解对方的通讯地址也就变得十分必要。

企业信息的另一个重要方面是，企业是一般纳税人还是小规模纳税人。企业的这两种不同纳税人身份，直接决定了企业开具发票的税率。对于需要增值税专用发票进行抵扣的一方来说，这就显得尤其重要，直接决定了交易成本。

2. 审查对方的签约主体资格

我国法律对某些行业的从业资格做了限制性规定，没有从业资格的单位和个人不得从事特定的业务，如果我方与没有资格的主体签订此类合同将给我方带来经济损失。根据我国《合同法》第58条，合同无效，因该合同取得的财产，应当予以返还；不能返还或者没有必要返还的应当折价补偿。有过错的一方应当赔偿对方因此所受的损失，双方都有过错的，应当各自承担相应的责任。因此，律师应当充分了解特殊行业的资质要求，避免出现合同无效的情况。这些常见的行业包括：建筑工程、医疗（器械）、烟草、食品、印刷、运输、化工、装饰装修、金融保险等。

◇ 案例：H 酒店与马某生命权、健康权、身体权纠纷案

2015 年，H 酒店进行装修，与 A 公司签订了一份装修合同，合同约定由 A 公司为 H 酒店进行装修，工程总造价 26 万元。签订合同时，H 酒店向 A 公司索要了营业执照复印件，并作为《装修合同》的附件。装修施工临近尾声时，A 公司临时雇佣的工人马某在施工过程中，不慎从脚手架上摔下，导致骨折。住院期间，马某花费医疗费近 4 万元，全部由 H 酒店进行垫付。马某出院后，找 A 公司和 H 酒店进行协商赔偿问题，但 A 公司此时却人去楼空，拒绝协商，法定代表人的手机号也成了空号。马某与 H 酒店协商未果，遂将 A 公司和 H 酒店起诉至法院，要求 A 公司赔偿各项损失近 30 万元，H 酒店承担连带赔偿责任。

H 酒店不解，遂找律师咨询，经律师调查，发现 A 公司是在公司登记注册制度改革以后设立，是按照"先照后证"的原

则成立的，只是领取了营业执照，并没有取得从事装修工程施工的相关资质。因此，根据《最高人民法院关于审理人身损害赔偿案件适用法律若干问题的解释》第 11 条第 2 款的规定："雇员在从事雇佣活动中因安全生产事故遭受人身损害，发包人、分包人知道或者应当知道接受发包或者分包业务的雇主没有相应资质或者安全生产条件的，应当与雇主承担连带赔偿责任。"H 酒店作为发包人，应当与 A 公司对马某的损失承担连带赔偿责任。

3. 审查对方的履约能力

合同签订前应当调查一下对方的履约能力和商业信誉，谨防上当受骗。如果对方没有履约的能力，合同签订后，企业将有可能遭受重大损失。这方面的工作主要是由企业的业务人员进行，但作为律师，也应当与业务人员进行沟通，初步判断一下对方的履约能力，以便确定合同相关条款是否必要。比如，假如对方是一家上市公司，那么，我们基本不用担心对方的履约能力问题，也不用担心进入诉讼后无法送达。反之，如果对方是一家小型的贸易公司，我们则要对这方面给予特别的关注，在合同履行上，设置相应条款来保障顾问单位的利益，防止对方收款后没有履约能力的情况发生。

如果律师在与顾问单位业务人员的沟通中，发现对方的履约能力存在问题，应当向顾问单位提出控制风险的建议。比如，当顾问单位作为买方时，尽量采取货到付款的方式，而当顾问单位作为卖方时，尽量采取款到发货的方式。

履约能力的查询工具包括一些常见的手机 APP，如启信宝、天眼查，都是不错的查询工具。通过这些工具，可以查询企业的相关判决文书、抵押情况、是否经营异常以及是否进入失信被执行人名单等信息，非常方便。当然，权威的渠道还是中国裁判文书网以及最高人民法院和各级人民法院开通的官方查询渠道。

对于一些重要的合同，律师应当建议委托人现场考察对方的履约能力，而且在现场考察时，还要防止被欺骗。

◇ 案例：H 公司与 Q 公司承揽合同纠纷案

山东青岛的 H 公司是一家外贸公司，主要从事服装出口业务。山东济宁的 Q 公司是一家服装生产加工企业，主要从事各类服装的生产加工。2009 年，H 公司获得了一份国外客户的订单，由 H 公司向国外客户出口服装。H 公司由于只是贸易公司，不具备生产能力，遂与 Q 公司签订了《承揽合同》一份，由 Q 公司为 H 公司生产制作服装，价款合计达 430 万元，合同约定分批交货。由于合同标的额较大，服装数量较多，交货期限较紧，在合同签订前，H 公司专门委托业务人员到 Q 公司进行了考察，了解 Q 公司的生产能力。H 公司的业务人员到达 Q 公司后，看到了 Q 公司新建的厂房数千平方米，院子数十亩，公司院内道路也进行了硬化，还安装了路灯，厂房内有工人 100 多名，各类机器也配置到位。看到此种情况，H 公司认为 Q 公司有能力履行合同，才放心地与 Q 公司签订了合同。

谁知合同签订后，Q 公司第一批货就耽误了交期，质量也出现了问题，H 公司赶紧派人到 Q 公司了解情况。这时他们惊讶地发现，Q 公司的厂房里，只有 30 多名工人在工作，经过再次调查了解，他们得知，当时他们来考察 Q 公司时，Q 公司根本没有那么多工人，其他 70 多名工人，是临时向其他公司"借"来的。但交期将近，这时再找其他服装工厂已经来不及，无奈，H 公司只好同意 Q 公司将部分订单再转给其他公司，并且派出专人协助 Q 公司进行质量控制。最终，H 公司因质量和交货期限等原因，被国外客户扣款达46万元，双方为损失的分担问题发生争议，最终诉诸法院。由于证据方面的问题，双方经过漫长的诉讼，最终就损失分担问题达成了协议，H公司损失惨重。

二、区分顾问单位在交易中所处的地位

企业在交易中所处的地位非常重要，它往往决定着合同的制定权和交易的主导权。一般来说，当顾问单位在交易中处于优势地位时，可以主导合同的制定。在这个时候，律师可以帮助企业尽量制定有利条款，但同时也要注意交易的适当公平，否则，有时候也会起到不好的作用，比如增大双方谈判的成本，降低效率。同时，很多企业考虑自己的声誉，也会要求律师制定尽量中立的合同，避免自己在供应商中获得不好的口碑。

一些律师会在审查合同时，过分考虑顾问单位的利益，制定的合同非常详细，对顾问单位的利益保护也非常充分。但是，如果不加区分地使用这种合同文本，会给企业的经营带来非常大的障碍，阻碍交易的达成。弄清顾问单位在每个具体交易中的地位，有助于律师采取正确的策略，帮助顾问单位在适当控制风险的情况下，达成交易。

三、区分商务条款和法务条款

每个行业、每个企业都有自己的交易方式，对于合同当事人已经达成一致的交易方式，律师尽量不要修改，特别是对于商务条款，律师只要识别法律风险就可以。实务中，曾经碰到过一些律师修改企业的付款方式，当然，律师的修改一般是为了企业着想，比如当顾问单位为付款方时，将一次性付款改为分期付款，将签订合同时付款改为收到货物或服务时再付款。

但这种修改，有可能改变了合同当事人之间以前的交易习惯，律师应当在修改前征求企业的意见，以免给企业造成不必要的麻烦。

商务条款的特点是比较专业，律师一般不掌握相关行业的专业知识，在这方面的发言权比较小。相反，企业在这方面是专业的，他们所拟订的条款，往往是从促成交易和尊重交易习惯的角度出发，是各方比较容易接受的。律师在这方面应当充分尊重企业的意见，在必要的时候提示一下就行，不用过多地参与这方面条款的拟订和修改。

法务条款是需要律师重点给予关注的，企业在这方面也最需要律师。但同时，律师在拟订或修改法务条款时，也要结合商务条款进行，作者反对完全将两者割裂开来的做法。事实上，很多法务条款的设置是必须以商务条款为基础的，企业在商务条款上的需求，也往往需要法务条款来保障。

四、尽量避免现场拟订合同

只要是执业几年的律师，恐怕都碰到过被客户要求现场拟订合同的经历，但大多数律师，却都不喜欢现场拟订合同，为何？

总结起来，有如下几种原因：

1. 客户利益角度考虑

（1）现场拟订合同容易出错。这个容易出错是两方面的，一是客户容易出错，二是律师也容易出错。现场拟订合同，往往是合同当事人一边谈，律师一边记，甚至还要参与合同细节讨论，帮助争取客户利益。在这种情况下，无论是客户的思维，还是律师的思维，都是在高度紧张的状态，而且很容易被一两个争执点羁绊。更何况，律师在拟订合同过程中，客户以及对方当事人，也会不时提出意见，甚至改动，这都给律师冷静、理性地思考造成了困难。而合同一旦出错，损失最大的还是客户。

（2）现场拟订合同考虑往往不周全。除了前面已经提到的一点，在实务中，律师拟订合同，通常需要一个非常安静的环境，拟订完之后，一般也要再检查2遍，通盘考虑合同的背景、当事人情况、客户目的以及合同当事方利益的平衡等因素，从而达到既能促成交易，又能最大限度维护客户利益的目标。现场拟订合同，律师往往没有条件和时间来考虑得如此周全，从而留下隐患。更何况，如果合同各方均在场，律师有些建议还无法直接对客户提出。

（3）一旦出错，无法更改。现场拟订的合同，当事人往往会现场签订，而这样做，很容易造成一些问题。最直接的就是，当发现一些错误的时候，对方可能已经带着合同走了，想改都没有机会。

2. 从律师自身角度考虑

（1）陌生环境容易造成不适应。任何一个人都会有这种感觉，当到了一个陌生环境的时候，多少会有些不适应的感觉。而拟订合同又是一个需要完全投入，不能分心的工作，在陌生的环境里，很难达到这种状态。更何况，合同各方都在现场等着，无形中也给律师一种压力，造成不必要的紧张。

（2）工具不顺手。律师如果带着自己的电脑还好些，最怕的是，来之前不知道要现场拟订合同，到了现场以后才被告知，客户也是临时给找台电脑，这就麻烦了。输入法不对、电脑操作不熟悉、常用软件不同版本，都会给律师造成麻烦。这些小麻烦，会让律师很分心，不能集中精力拟订合同。

（3）查找资料不方便。律师在自己的电脑上一般都储存有一些资料或者合同样本，在拟订合同的时候，会随时查阅和使用。而到了新的电脑上，这些资料是都没有的，也会给律师带来一些麻烦，最起码是效率上的降低。

（4）出错的概率确实增大。综合以上几种因素，现场拟订合同出错的概率确实增大，这对客户和律师都是不利的，客户可能会利益受损，律师可能会砸了自己的牌子。所以，大部分律师都不喜欢现场拟订合同。

所以，无论是为了客户的利益，还是律师自身的口碑，律师都要尽量避免现场拟订合同，在与客户沟通时，也要尽量取得客户理解和支持。当然，客户的需要还是第一位的，当律师表明立场后，客户如果还是坚持让律师现场拟订合同，律师还是要满足客户的需求的。

最后，去的时候最好提前与客户沟通清楚，必须现场拟订合同吗？如果答案是肯定的，别忘了带上自己的电脑。

五、具体事项

1. 标的物

（1）法律审查。标的物的明确包括很多方面，例如名称、质量标准、产地、厂家、包装方式、检验标准等。如果列有附件的，应当要求对方在附件上也签字盖章。在现实中，标的物一般可以分为两类，种类物和特定物。种类物一般是指生产厂家统一生产制作的产品，这些产品有统一的名称、型号、质量标准等，一般只要明确生产厂家和型号就可以确定。例如，对于汽车，只要约定清楚生产厂家、品牌、型号、颜色就可以确定。特定物是指没有统一标准的产品，是合同一方向另一方定做的产品，这些产品只为满足定做方的特定要求，在用途上具有特定性，第三方一般无法使用。例如电梯，需要根据安装场所的尺寸和承载能力等要求单独制作，无法统一尺寸。

因此，对于种类物，一般不容易产生争议，但是特定物就不同，一旦合同中的约定不够唯一确定，很可能会产生争议，拟订、审查合同时，特定物要重点审查。当律师对产品不了解时，要和技术人员、业务人员及时沟通，将特定物加以明确。

而对于一些无形的标的物，合同约定就显得更加重要，比如购买服务的合同。如果合同对服务内容和标准约定得不够明确，产生争议的可能性就极大。

◇ 案例：青岛 D 公司与 Z 公司服务合同纠纷案

2007 年 11 月份，青岛 D 公司与 Z 公司签订了一份《数字商务平台服务合同》，约定由 Z 公司为 D 公司设计制作和开通公司网站。合同签订后，D 公司支付了服务费，后 Z 公司向 D 公司交付了设计的网站并开通，但 D 公司认为网站不符合合同约定，合同中约定的一些功能，如在线支付等并不具备，合同目的无法实现，遂向法院起诉，要求解除合同退还服务费及利息。Z 公司则称网站已经 D 公司验收确认，已完成合同义务，不同意退款。法院经审理认为，Z 公司未完成合同约定的全部义务，判决 Z 公司退还 D 公司 50% 的服务费。

在案件审理过程中，Z 公司提交的两份证据"网站设计确认书"客户确认栏中均载明："经我公司验收，××科技集团股份有限公司设计师为我公司网站进行的网站设计工作已完成并符合我方要求，现同意进行下一步工作"，但结合确认书中确认的内容，说明 Z 公司只是完成了网站的部分阶段性工作，并没有完成全部工作。D 公司则提交了一份与 Z 公司网站设计师的录音，在录音中，Z 公司的工作人员（网站设计师）承认设计的网站没有达到 D 公司的要求，不符合合同约定。而且，Z 公司一直没有为 D 公司开通网站，只是在测试阶段开通过几天，让 D 公司验收。因验收没有通过，故一直没有开通，D 公司同时附上了 2010 年 11 月 22 日对网站设计确认书中的网站访问情况截图。而且，网站经过当庭演示，也证明了有些合同中约定的功能无法实现。

本案中，双方就是对合同标的物——服务的内容产生了争议。由于合同中的约定相对比较明确，Z 公司不能证明已经履行完毕合同义务，且 D 公司通过现场演示指出了网站没有实现的功能，D 公司得以维护自身的合法权益。

（2）税务审查。从税务审查的角度，合同标的物应当从以下方面进行审查：标的物的类型：单一、特殊、复合；税收政策：征税或不征税、减税、免税；税种：货物和服务、动产和不动产；税率、税目；交易模式；税收优惠；纳税环节。

以上事项均涉及合同标的物的税率等纳税情况，甚至涉及是否纳税。而且，如本书第三章第三节所举的案例，对于复合标的物，一定要区分不同标的物的纳税情况。

2. 质量标准

严格来说，质量标准应当属于商务条款，但正如前面所说，商务条款和法务条款很难割裂开来。律师之所以要关注质量条款，是由于现实中，企业在很多时候，对于产品或服务质量的描述是不严谨的、不全面的，容易留下一些漏洞，需要律师给予必要的补充或提示。特别是对于加工承揽合同等一些合同标的物为非标准物的合同，合同标的物一般没有国家标准、行业标准，需要合同双方进行约定，如果质量标准约定不明确，日后极易产生纠纷。

本书的建议是，对于律师不熟悉的产品或服务，与经办人员电话沟通，仔细了解产品或服务的特点，同时确认顾问单位的需求。将两者结合后，再拟订合同条款，这样才能保证质量标准描述准确。

另外，合同一方如果发现产品质量存在问题，应当及时向对方书面提出异议并保留证据，避免因为证据不足导致败诉。律师在合同中，应当保留出充足的质量异议期，特别是对于一些特殊的产品，如果只能在使用以后，才能发现质量是否合格，合同要对此作出特殊约定。这种情况下，建议将产品验收分为两步，第一步只是数量和物理外观的验收，第二步在产品投入使用以后，对产品质量进行验收。如果是由供货方进行安装调试，也可以将第一步验收直接合并在第二步进行。

◇ 案例：质量约定不明，定做人承担不利后果

甲公司向乙公司定做一套设备，双方签订了定做合同，约定甲公司自合同签订之日向乙公司支付合同价款的20%，乙公司在收款后3个月内完成定做设备的生产，交付设备后，经双方在10日内调试合格，甲公司再支付合同价款的70%，剩余10%价款在质保期一年过后，设备没有质量问题，甲公司再支付给乙公司。但合同中对设备的质量标准没有明确约定，只是约定需符合国家相关标准。合同签订后，甲公司即支付了价款的20%，乙公司也开始生产设备。85天后，乙公司按时交付了设备。但双方在调试时发现，乙公司交付的设备与甲公司现有设备无法兼容。原来，关于甲公司向乙公司定做的设备，国家标准并不是只有一种，而是有两种，只要符合其中一种标准的设备就算合格。乙公司交付的设备与甲公司现有设备恰好属于两种标准，所以无法兼容。甲公司认为，乙公司交付的设备不符合要求，应当免费改进。乙公司认为，自己交付的设备符合国家标准，也符合合同约定，如果甲公司要求改变，应当再支付相应的费用。

本案中，双方对定做设备是否符合合同约定产生了不同的理解。从甲公司的角度来讲，设备当然没有满足自己的要求。但是，按照合同约定，乙公司生产的设备只要符合国家相关标准即可，甲公司并没有在合同中提出特别要求，而乙公司交付的设备符合国家标准的一种，因此，乙公司交付的设备是符合约定的。如果甲公司要求乙公司改进设备，应当支付相应的费用。

这提醒定做人，在签订合同时，一定要把定作物的质量标准约定明确，即使有国家标准，也要确定一下，防止出现本案的情况。同时，这也提醒合同当事人，在履行合同过程中，一定要及时与对方沟通，不能在合同签订以后，就消极地等待结果。本案的情况，如果双方在合同履行过程中及时沟通，完全可以避免。这对于双方以后的合作，节省解决纠纷的时间和成本都是有利的。

3. 交付

质量标准约定明确以后，交付标准会相对简单，但仍然需要作出明确的约定，这对于合同各方当事人来说，有利于日后区分责任，促进交易顺利进行。现实中，交付标准往往会在质量标准的基础上，加上包装标准、产品说明书、安装调试等，律师要在合同中对这些事项作出约定。

除交付标准以外，交付方式以及交付时间、地点也同样重要，特别是对于一些特殊的产品。对于一些数量、体积巨大的产品来说，合同的履行期限往往较长，这个时候，交付时间就需要约定清楚，以免卖方违约。交付方式和地点的选择，则有可能直接影响双方的成本，比如卖家送货上门和买家上门提货，这是两种完全不同的方式，对于前面提到的产品，可能会产生巨额的运输费用和包装费用负担问题。

◇ 案例：青岛源宏祥纺织有限公司诉港润（聊城）印染有限公司取回权确认纠纷二审案

基本案情

原告源宏祥纺织公司与第三人程泉布业公司为被告港润印染公司供应布匹。截至 2009 年 11 月 4 日，港润印染公司欠源宏祥纺织公司货款 1 195 139.17 元，欠程泉布业公司货款 1 075 952.31 元。2009 年 11 月 20 日，三公司达成如下协议：（1）程泉布业公司将港润印染公司所欠货款全部转让给源宏祥纺织公司，港润印染公司和程泉布业公司均同意由港润印染公司直接将欠款支付给源宏祥纺织公司。（2）源宏祥纺织公司同意港润印染公司以其所有的 7 台机械设备折抵所欠货款，此 7 台机械设备所有权自本协议生效之日起转移为源宏祥纺织公司所有。（3）港润印染公司应在 2010 年 3 月 31 日前将所折抵的设备交付源宏祥纺织公司，并保证源宏祥纺织公司顺利取得设备，港润印染公司必须严格按照上述时间交付设备，若逾期交付，港润印染公司应按照所欠货款金额的每日千分之一向源宏祥纺织公司支付滞纳金。协议签订后，至三方协议中约定的 2010 年 3 月 31 日之前，港润印染公司未向源宏祥纺织公司交付 7 台设备。

2010 年 3 月 17 日，山东省聊城市中级人民法院作出民事裁定，受理了恒润热力公司对被告港润印染公司的破产申请，2010 年 5 月 6 日原告源宏祥纺织公司向港润印染公司申报债权。2010 年 7 月 27 日，聊城市中级人民法院作出民事裁定宣告港润印染公司破产。

裁判结果

一审裁判结果：驳回原告源宏祥纺织公司的诉讼请求。案件受理费 28 776 元由原告源宏祥纺织公司负担。二审裁判结果：驳回上诉，维持原判。二审案件受理费 28 776 元，由上诉人源宏祥纺织公司负担。

裁判理由

一审：原告源宏祥纺织公司与被告港润印染公司、第三人程泉布业公司签订的三方协议合法有效，但协议有效并不表示本案所涉 7 台设备的物权发生转移。《中华人民共和国物权法》第 23 条规定："动产物权的设立和转让，自交付时发生效力，但法律另有规定的除外"，该条规定排除了当事人的约定。本案中，虽然当事人约定 7 台设备的所有权自本协议生效之日起转移为源宏祥纺织公司所有，但并未向源宏祥纺织公司交付，且不属于《中华人民共和国物权法》中规定的占有改定、指示交付、简易交付 3 种例外情形，所以 7 台设备的物权因未交付并未发生转移。源宏祥纺织公司并不是本案所涉 7 台设备的所有权人，而是港润印染公司的债权人。港润印染公司被宣告破产，本案所涉 7 台设备属于港润印染公司的破产财产。

二审：首先，涉案的 7 台设备属于动产，而动产的公示方法原则上是占有与交付。《中华人民共和国物权法》第 6 条规定："动产物权的设立和转让，应当依照法律规定交付。"所谓交付是指转移占有，即将自己占有的物或所有权凭证转移给其他人占有的行为。《中华人民共和国物权法》第 23 条规定："动产物权的设立和转让，自交付时发生效力，但法律另有规定的除外。"可见，出于维护交易安全考虑，交付作为动产物权变动的法定方式，具有强制性。该法共规定了现实交付、简易交付、指示交付和占有改定4种交付方式。《中华人民共和国合同法》第133条规定："标的物所有权自标的物交付时转移，但法律另有规定或当事人另有约定的除外。"该规定也是以交付作为动产物权变动的生效条件，其中的"法律另有规定和当事人另有约定"所涵盖的内容是现实交付之外的其他法律规定的拟制交付方式。此后实施的《中华人民共和国物权法》，进一步明确了当事人只能够在法律规定的四种交付方式中通过约定选择一种具体的交付方式，除此之外，不存在其他基于法律行为而发生的动产物权变动的方式。

其次，关于本案协议中约定的方式是否属于占有改定。所谓占有改定是指让与人与受让人达成动产物权变动协议后，依照当事人之间订立的合同，仍然继续占有该动产使受让人因此取得间接占有，代替现实交付。《中华人民共和国物权法》第27条规定："动产物权转让时，双方又约定由出让人继续占有该动产的，物权自该约定生效时发生效力。"从上述规定可以得出，占有改定构成要件表现为：（1）当事人之间达成动产物权变动协议。该协议是发生交付的基础；（2）除了达成物权变动协议，就该动产另外达成让与人继续占有使用该动产的协议。而本案中，虽然双方当事人签订的7台设备物权转让协议包含所有权变动内容，但没有就被上诉人港润印染公司继续占有使用该7台设备另外达成协议。因此，港润印染公司与上诉人源宏祥纺织公司之间的协议不构成占有改定交付。

综上，因该7台设备并未现实交付，尽管当事人签订的协议有效，也只是产生债权效力，并未发生物权变动效力，上诉人源宏祥纺织公司并没有实际取得该7台设备的所有权，故其在被上诉人港润印染公司破产案件中并不享有取回权。源宏祥纺织公司称涉案 7 台设备物权通过三方协议已经转移给其所有并享有该设备的取回权理由不能成立。

4. 价款

（1）法律审查。价款最重要的当然是金额，这是双方最关注的条款，也是整个合同的核心，但除此之外，以下几个问题也需要足够重视：①付款时间；②付款方式；③付款条件；④定金与订金；

以上四个事项，事关合同价款的方方面面，也涉及合同当事人的巨大利益，律师在制作合同时，应当约定明确。

价款的另一个重要方面是，合同中应当明确约定是含税价还是不含税价，以免日后产生争议。

对于一些数量巨大，需要在收货时进行统计的货物，更要对货物单价和计量单位作出明确约定，同时约定允许的误差。

◇ **案例：付款方式产生争议，律师详析化解纠纷**

某食品公司（下称"食品公司"）和某花生油生产公司（下称"花生油公司"）于 2006 年 10 月 23 日签订了《产品购买合同（花生米）》，约定花生油公司向食品公司购买花生米。同日，花生油公司收取食品公司 30 000 元保证金，约定合同履行完毕，花生油公司退还食品公司保证金，如继续合作保证金可延续到下面的合同。在合同履行期间，货款一直按下列方式支付：食品公司每送一批货，花生油公司组织验收，验货后付款，即一直是分批付款。合同履行完毕后，双方于 2007 年 10 月 17 日续订《产品购买合同（花生米）》，约定花生油公司向食品公司购买花生米。食品公司按照花生油公司的要求于 2008 年 1 月 14 日送了第一批货，虽然产品质量与花生油公司的要求有些不符，但花生油公司在验收后，降级（比合同价格低些的价格）接收了货物，花生油公司按约定支付了货款。2008年1月26日，食品公司又向花生油公司送货19.181吨，但是花生油公司却拒不支付货款。经食品公司多次催告，花生油公司仍拒绝支付。理由是要等到食品公司送完合同约定的所有货物后，再一起支付货款，依据是合同第9条约定，结算方式为交货并验收合格后凭卖方全额有效增值税发票5个工作日内付款。食品公司遂向法院起诉，起诉后，经过双方律师谈判，最终和解，花生油公司支付了货款。

本案中，双方对付款方式产生了争议，主要是合同第9条约定的"全额有效增值税发票"如何理解。花生油公司认为，既然是全额有效增值税发票，就是指食品公司送完全部花生后，凭开具的全部发票，一起付款。食品公司则认为，全额有效增值税发票是指每批花生的全额发票，并不是指合同约定的全部花生的发票。

依据我国《合同法》第61条规定，合同生效后，当事人就质量、价款或者报酬、履行地点等内容没有约定或者约定不明确的，可以协议补充；不能达成补充协议的，按照合同有关条款或者交易习惯确定。从本案双方以前的交易方式可以看出，花生油公司一直是在收到一批货物后，即验收付款，并没有等到食品公司送完合同约定的全部货物后再付款。因此，这种付款方式已经成为双方的交易习惯，花生油公司突然提出要等到食品公司送完合同约定的全部货物后再付款，是不符合合同约定的，其对合同的理解也是错误的。事实上，如果双方在合同中，对付款方式作出更为明确的约定，就不会产生这种争议。

（2）税务审查。合同价款是否含税会对交易价格产生至关重要的影响，甚至直接影响交易能否达成。因此，合同中对此要有明确约定，特别是，如果双方只是将不含税的价格写入合同，会对卖方产生较为不利的影响，因为通常，该合同价格会被视为含税价格，卖方可能会产生巨额损失。这种情况下，一般要将税金在合同中另外作出明确约定。此部分条款要与发票条款结合起来，写明所开发票的种类以及税率。

合同中对施行价税分离的方式进行约定，有以下好处：一是防止双方就价款是否含税产生争议；二是防止普通发票和专用发票的混淆；三是责任明确，买方可以按票付款；四是防止卖方拒绝开具发票；五是防止税率的错误适用；六是防止重复交税。

合同价款中对付款截点的约定，对于纳税的时间有重要影响，如果约定不当，很可能给企业带来重大影响，严重时甚至会导致企业倒闭。

◇ **案例：**

甲公司由于市场开拓不力，已经很久没有新业务，公司面临发展困境，拖欠了大量供应商的货款和工人工资。2014 年 9 月，公司终于签订了一份标的额高达一亿元的买卖合同，合同约定甲公司于 2014 年 11 月 30 日前向乙公司交付供应设备，乙公司于 2014 年 12 月 31 日前一次性付款。合同签订后，甲公司采购原材料花费 6000 万元，人工费和其他制造成本共计 1500 万元，上述款项大部分通过贷款的方式解决。2014 年 11 月 28 日，甲公司按照约定向乙公司交货，但乙公司却没有按照约定时间付款。由于双方约定的付款时间是在 2014 年 12 月 31 日前，甲公司却需要为此项交易预先支付大量税款，这些款项包括增值税（10000－6000）×17%＝680 万元，附加城建教育费 680×（7%＋3%）＝68 万元，此外还有企业所得税若干。而且，由于年底的原因，供应商开始大量催讨货款，工人也索要工资，甲公司不堪重负，面临倒闭。

事实上，如果甲公司在付款方式上，采取分期收款的方式，是可以大大缓解纳税负担的。由于甲公司没有考虑乙公司不按时付款的税收负担风险，最终导致了悲剧。

5. 运输费用

此项无需多说，对于一些大型的工业设备或者数量巨大的货物而言，运输费用都是一笔巨大的支出，合同当事人一般都会给予注意。但在一些情况下，也会被忽略，律师要及时提醒顾问单位。

6. 发票

（1）法律审查。律师在审查合同时，审查的事项很少，一般只会审查是否约定开发票的时间，是先开发票再付款还是先付款再开发票，对于发票的其他事项一般不予考虑。发票的法律意义一般仅限于证明双方之间存在交易以及交易的价格，一般不能证明是否交货、是否付款。

（2）税务审查。发票直接关系企业纳税多少的问题，和企业成本有着重要的关系，随着营改增的全面实施，发票越来越成为企业共同面临的一项难题。因为，增值税专用发票，不但涉及税的问题，还可能会涉及刑事犯罪，企业在这方面如果处理不好，很可能会面临巨大的损失，甚至被迫解散。所以，律师在为企业审查合同时，一定要对发票的问题作出明确约定。由于增值税专用发票还涉及抵扣的问题，律师也有必要专门针对抵扣问题作出约定。比如，开具增值税专用发票后的及时交付问题，增值税专用发票丢失后的配合义务等。

增值税专用发票的另一个问题是，同一个行业，不同纳税主体的税率是不一样的。一般纳税人和小规模纳税人开出的增值税专用发票，抵扣的税率并不同，小规模纳税人的税率是低的，律师在审查合同时，也要给予提醒。

另外，发票并不是付款凭证，接收发票一方收到发票，并不代表已经履行了付款义务。而且，在事实中，付款方往往会要求开票方先开出发票，付款方再付款，如果合同中有不同的约定，律师也要予以审查并修改。对于卖方来说，先开具发票意味着要先缴纳税款，会加剧资金负担。

实务中，不同地区法院对单独要求开具并交付发票的诉讼处理方式不同，有些地区法院认为此事项属于人民法院受理的案件范围，有些则认为不属于人民法院受理的案件范围，在其他案件的审查过程中也不会对发票问题予以处理。这就更需要律师在合同中提醒委托人作出约定。

发票的开具与交付也是两个概念。现实中，曾经有交易双方因合同履行发生纠纷，卖方在开具增值税专用发票后不交给买方，甚至恶意作废，导致买方无法进行抵扣的案例。因此，合同中也可以专门针对增值税发票的开具和交付以及抵扣作出约定，明确约定发票不能抵扣时卖方的违约责任。

7. 知识产权

知识产权条款在一些合同中特别重要，比如，在定做合同中，如果由定做方提供图纸、模具，这些图纸和模具的知识产权，就有必要作出专门约定，防止承揽方利用定做方提供的图纸、模具进行技术的反向破解或申请专利。特别是，对于承揽方在加工过程中形成的知识产权归属问题，也需要双方作出约定。买卖合同中，有时候卖方也不允许买方利用所购买产品进行反向技术破解，这同样需要作出约定。

8. 不可抗力

根据我国《合同法》第 117 条的规定，不可抗力，是指不能预见、不能避免并不能克服的客观情况。通常包括自然灾害，如台风、地震、洪水、冰雹；政府行为，如征收、征用；社会异常事件，如罢工、骚乱三方面。一般情况下，不可抗力无需作出专门约定，因为我国法律已经对不可抗力作出了规定。但是，在一些情形下，仍然需要作出约定：一是涉外业务中，由于不同国家法律对不可抗力的范围规定是不一样的，为了避免纠纷，合同中应当对不可抗力的范围作出约定；二是合同当事人对一些法律没有规定的情形，想要作为不可抗力对待，那么，也需要在合同中作出约定。

由于不可抗力直接决定了在某些情形下，合同一方或多方是否承担违约责任，因此，对于超出法律规定的事项，各方应当慎重对待，避免因为约定导致一方逃避违约责任的情形出现。

9. 保险

对于一些需要长途运输又易损坏的产品，为了防止发生货损后得不到及时赔偿或担心合同一方没有赔偿能力，合同中可以约定为产品购买保险。对于金额巨大的产品来说，保险费也是一笔不小的费用，有必要就保险费的承担问题在合同中作出约定。特别是对于运输合同来说，运费相较于货物价值往往所占比例很小，一旦运输过程中发生交通事故或其他事项导致货损，损失往往十分巨大，如果没有保险，托运人的损失很可能也会十分巨大。

◇ **案例：R 保险公司与 T 公司保险人代位求偿权纠纷案**

2013 年 7 月，R 保险公司广州分公司与案外人 MZ 公司签订了《国内水路、陆路货物运输保险单》（单号 PYDL2013440100 00013741），约定由 R 保险公司广州分公司为 MZ 公司的货物在陆上和水上运输过程中的货损承担保险责任。2012 年 9 月 30 日，MZ 公司与 T 公司签订《2013 制冷年度公路运输合同》（以下简称《运输合同》），约定由 T 公司向 MZ 公司提供运输服务，服务期限自 2012 年 10 月 1 日至 2013 年 9 月 30 日。2013 年 7 月 19 日，MZ 公司将 980 台压缩机交由 T 公司承运。7 月 21 日，T 公司的中山分公司承运该批 980 台压缩机，由中山出发前往山东。12 时 40 分，运载该批压缩机的黑 B×××××号重型半挂牵引车（牵引着黑 B×××××号挂车）在中山市发生侧翻而肇事，事故造成车上的货物损坏及花坛上花基损坏的后果。2013 年 12 月 5 日，保险公估公司出具《检验报告》认定，本次运输车辆发生交通事故造成的货物损失为 507 640 元。R 保险公司广州分公司于 12 月 17 日向 MZ 公司支付了 507 640 元保险赔款。2013 年 9 月 30 日，MZ 公司向 R 保险公司广州分公司发送了《关于 2013 年甲方聘用承运单位的报备》，载明"2013 年度甲方聘用的承运单位如下：（合同起止日期：2013 年 1 月 1 日至 2013 年 12 月 31 日）……"R 保险公司广州分公司在该报备表上盖章予以确认。2013 年 10 月 25 日，R 保险公司广州分公司向 MZ 公司发送了《报备承运商确认回函》，载明"关于贵司向我司提供 2013 年度聘用承运单位清单，我司经向产品线部门进行报备请示，确认对以下承运商放弃代位求偿权"。

　　法院经审理认为：（1）保险人代位求偿权本质上是一种债权请求权，保险人在不违背法律和社会公共利益的前提下，可对代位求偿权进行自由处分。（2）我国《民法通则》明确规定"民事活动应当遵循自愿、公平、等价有偿、诚实信用的原则"。本案中，R 保险公司广州分公司对于自己作出的承诺应依诚实信用原则予以遵守。（3）在本案交通事故发生后，R 保险公司广州分公司对 MZ 公司作出放弃代位求偿权的承诺，基于 MZ 公司与 T 公司的业务关系，可以认定该承诺已被 T 公司接受。R 保险公司广州分公司无正当理由的情形下不得撤销该承诺。因此，该承诺的效力及于 T 公司，R 保险公司广州分公司应当受该承诺约束。综上所述，保险人代位求偿权系 R 保险公司广州分公司所享有的权利，在本案中基于 R 保险公司广州分公司明确放弃该权利的承诺效力及于 T 公司，因而得以免除 T 公司相应的赔偿义务。

通过本案可以看出，MZ 公司通过为货物购买保险，在货物发生损失后，及时获得了保险公司的理赔款，挽回了损失，而保险公司则由于事先出具了放弃代位求偿权的承诺书，无法向 T 公司进行追偿。事实上，这也提醒运输公司，如果保险公司不放弃代位求偿权，运输公司则要承担被追偿的风险。因此，运输公司也应当及时购买运输责任相关保险。

10. 保密

保密条款对于一些特殊的交易有着特殊的意义，比如一些收购意向合同，如果收购的是上市公司股权，那么，不但合同中要约定保密义务，法律也规定了当事人要承担一定的保密义务。如果违反了保密义务，不仅违约，还可能违法。

另外，某些交易需要在开始谈判时，就先签订一份专门的保密协议，这是由于谈判过程中，一方会了解到另一方的一些商业秘密，甚至会取得一些书面材料。还是以收购意向合同为例，收购方为了解被收购方的情况，往往会要求被收购方提供一些资料供收购方调查，这些资料很可能会涉及被收购方的商业秘密，如果没有保密协议的约束，被收购方的权利将无法保障。

11. 合同解除

如果按照合同法的规定，守约方想解除一份合同的程序是比较麻烦的，一般要经过催告和解除两步，这中间还要间隔合理时间。至于多长时间是合理时间，法律上并无明确规定，需要在个案中，由法官来判断，这就大大增加了案件结果的不确定性。因此，在合同中，明确约定合同解除的条件，就显得非常关键。

合同解除的条件要针对合同相对方可能出现的违约情形作出逐项约定，约定得越详细，将来解除权越容易实现。司法实务中，法院一般倾向于促进交易，往往对解除合同的条件从严掌握。因此，如果合同的约定不够明确，仅仅依靠合同法，守约方可能会陷入比较大的被动之中。

另外需要提醒的是，根据《最高人民法院关于适用〈中华人民共和国合同法〉若干问题的解释（二）》第 24 条的规定，当事人对《合同法》第 96 条、第 99 条规定的合同解除或者债务抵销虽有异议，但在约定的异议期限届满后才提出异议并向人民法院起诉的，人民法院不予支持；当事人没有约定异议期间，在解除合同或者债务抵销通知到达之日起 3 个月以后才向人民法院起诉的，人民法院不予支持。因此，合同一方如果对另一方的解除合同通知有异议时，应当及时起诉。

✿ 案例：汤某龙诉周某海股权转让纠纷案（最高人民法院公布指导案例 67 号）

基市案情

原告汤某龙与被告周某海于 2013 年 4 月 3 日签订《股权转让协议》及《股权转让资金分期付款协议》。双方约定：周某海将其持有的青岛变压器集团成都双星电器有限公司 6.35% 股权转让给汤某龙。股权合计 710 万元，分四期付清，即 2013 年 4 月 3 日付 150 万元；2013 年 8 月 2 日付 150 万元；2013 年 12 月 2 日付 200 万元；2014 年 4 月 2 日付 210 万元。此协议双方签字生效，永不反悔。协议签订后，汤某龙于 2013 年 4 月 3 日依约向周某海支付第一期股权转让款 150 万元。因汤某龙逾期未支付约定的第二期股权转让款，周某海于同年 10 月 11 日，以公证方式向汤某龙送达了《关于解除协议的通知》，以汤某龙根本违约为由，提出解除双方签订的《股权转让资金分期付款协议》。次日，汤某龙即向周某海转账支付了第二期 150 万元股权转让款，并按照约定的时间和数额履行了后续第三、四期股权转让款的支付义务。周某海以其已经解除合同为由，如数退回汤某龙支付的 4 笔股权转让款。汤某龙遂向人民法院提起诉讼，要求确认周某海发出的解除协议通知无效，并责令其继续履行合同。

另查明，2013 年 11 月 7 日，青岛变压器集团成都双星电器有限公司的变更（备案）登记中，周某海所持有的 6.35% 股权已经变更登记至汤某龙名下。

裁判结果

四川省成都市中级人民法院于 2014 年 4 月 15 日作出〔2013〕成民初字第 1815 号民事判决：驳回原告汤某龙的诉讼请求。汤某龙不服，提起上诉。四川省高级人民法院于 2014 年 12 月 19 日作出〔2014〕川民终字第 432 号民事判决：（1）撤销原审判决；（2）确认周某海要求解除双方签订的《股权转让资金分期付款协议》行为无效；（3）汤某龙于本判决生效后十日内向周某海支付股权转让款 710 万元。周某海不服四川省高级人民法院的判决，以二审法院适用法律错误为由，向最高人民法院申请再审。最高人民法院于 2015 年 10 月 26 日作出〔2015〕民申字第 2532 号民事裁定，驳回周某海的再审申请。

裁判理由

法院生效判决认为：本案争议的焦点问题是周某海是否享

有《中华人民共和国合同法》（以下简称《合同法》）第 167 条规定的合同解除权。

第一，《合同法》第 167 条第 1 款规定："分期付款的买受人未支付到期价款的金额达到全部价款的五分之一的，出卖人可以要求买受人支付全部价款或解除合同"。第 2 款规定："出卖人解除合同的，可以向买受人要求支付该标的物的使用费"。最高人民法院《关于审理买卖合同纠纷案件适用法律问题的解释》第 38 条规定，"合同法第一百六十七条第一款规定的'分期付款'，系指买受人将应付的总价款在一定期间内至少分三次向出卖人支付。分期付款买卖合同的约定违反合同法第一百六十七条第一款的规定，损害买受人利益，买受人主张该约定无效的，人民法院应予支持"。依据上述法律和司法解释的规定，分期付款买卖的主要特征为：一是买受人向出卖人支付总价款分 3 次以上，出卖人交付标的物之后买受人分 2 次以上向出卖人支付价款；二是多发、常见在经营者和消费者之间，一般是买受人作为消费者为满足生活消费而发生的交易；三是出卖人向买受人授予了一定信用，而作为授信人的出卖人在价款回收上存在一定风险，为保障出卖人剩余价款的回收，出卖人在一定条件下可以行使解除合同的权利。

本案系有限责任公司股东将股权转让给公司股东之外的其他人。尽管涉案股权的转让形式也是分期付款，但由于本案买卖的标的物是股权，因此具有与以消费为目的的一般买卖不同的特点：一是汤某龙受让股权是为参与公司经营管理并获取经济利益，并非满足生活消费；二是周某海作为有限责任公司的股权出让人，基于其所持股权一直存在于目标公司中的特点，其因分期回收股权转让款而承担的风险，与一般以消费为目的分期付款买卖中出卖人收回价款的风险并不同等；三是双方解除股权转让合同，也不存在向受让人要求支付标的物使用费的情况。综上特点，股权转让分期付款合同，与一般以消费为目的分期付款买卖合同有较大区别。对案涉《股权转让资金分期付款协议》不宜简单适用《合同法》第167条规定的合同解除权。

第二，本案中，双方订立《股权转让资金分期付款协议》的合同目的能够实现。汤某龙和周某海订立《股权转让资金分期付款协议》的目的是转让周某海所持青岛变压器集团成都双星电器有限公司6.35%股权给汤某龙。根据汤某龙履行股权转让款的情况，除第2笔股权转让款150万元逾期支付两个月，其余3笔股权转让款均按约支付，周某海认为汤某龙逾期付款构成违约要求解除合同，退回了汤某龙所付710万元，不影响汤某龙按约支付剩余3笔股权转让款的事实的成立，且本案一、二审审理过程中，汤某龙明确表示愿意履行付款义务。因此，周某海签订涉案《股权转让资金分期付款协议》的合同目的能够得以实现。另查明，2013年11月7日，青岛变压器集团成都双星电器有限公司的变更（备案）登记中，周某海所持有的6.35%股权已经变更登记至汤某龙名下。

第三，从诚实信用的角度，《合同法》第60条规定："当事人应当按照约定全面履行自己的义务。当事人应当遵循诚实信用原则，根据合同的性质、目的和交易习惯履行通知、协助、保密等义务。"鉴于双方在股权转让合同中明确约定"此协议一式两份，双方签字生效，永不反悔"，因此周某海即使依据《合同法》第167条的规定，也应当首先选择要求汤某龙支付全部价款，而不是解除合同。

第四，从维护交易安全的角度，一项有限责任公司的股权交易，关涉诸多方面，如其他股东对受让人汤某龙的接受和信任（过半数同意股权转让），记载到股东名册和在工商部门登记股权，社会成本和影响已经倾注其中。本案中，汤某龙受让股权后已实际参与公司经营管理，股权也已过户登记到其名下，如果不是汤某龙有根本违约行为，动辄撤销合同可能对公司经营管理的稳定产生不利影响。

综上所述，本案中，汤某龙主张的周某海依据《合同法》第 167 条之规定要求解除合同依据不足的理由，于法有据，应当予以支持。

通过以上案例以及实务经验来看，法院对解除合同持比较慎重的态度，总体来说，法院还是倾向于维护交易的稳定性，促进成交。因此，如果合同一方当事人选择解除合同，一定要有充分的依据，否则很可能被法院驳回。

12. 违约责任

本书作者在执业过程中，碰到过不少合同对违约责任的约定是：违约责任按照合同法办理。这种约定，等于没有约定，因为即使这句话没有，违约方也只能按照合同法的规定承担违约责任。但正如前面所述，合同法并不会对违约责任作出明确的规定，特别是涉及违约金的问题，完全依赖于合同当事人的约定。当然，《最高人民法院关于适用〈中华人民共和国合同法〉若干问题的解释（二）》中对违约金过高和过低的情形进行了规定，但这种规定，也只是一个范围的规定，在这个范围之内，还是依赖于合同的约定。因此，违约责任约定得明确与否，直接关系守约方能否维护自身的合法权利。

对于违约责任的约定方式，本书建议采取列举加概括的方式，列举的方式，便于针对一些常见或重大的违约情形作出约定，以便约定承担违约责任的恰当方式。概括的方式，则是为了防止列举出现遗漏，更好地维护守约方的权益。

◇ **案例：刘超捷诉中国移动通信集团江苏有限公司徐州分公司电信服务合同纠纷案（最高人民法院公布指导案例 64 号）**

基本案情

2009 年 11 月 24 日，原告刘某捷在被告中国移动通信集团江苏有限公司徐州分公司（以下简称移动徐州分公司）营业厅申请办理"神州行标准卡"，手机号码为 1590520××××，付费方式为预付费。原告当场预付话费 50 元，并参与移动徐州分公司充 50 元送 50 元的活动。在业务受理单所附《中国移动通信客户入网服务协议》中，双方对各自的权利和义务进行了约定，其中第四项特殊情况的承担中的第 1 条为：在下列情况下，乙方有权暂停或限制甲方的移动通信服务，由此给甲方造成的损失，乙方不承担责任：（1）甲方银行账户被查封、冻结或余额不足等非乙方原因造成的结算时扣划不成功的；（2）甲方预付费使用完毕而未及时补交款项（包括预付费账户余额不足以扣划下一笔预付费用）的。

2010 年 7 月 5 日，原告在中国移动官方网站网上营业厅通过银联卡网上充值 50 元。2010 年 11 月 7 日，原告在使用该手机号码时发现该手机号码已被停机，原告到被告的营业厅查询，得知被告于 2010 年 10 月 23 日因话费有效期到期而暂停移动通信服务，此时账户余额为 11.70 元。原告认为被告单方终止服务构成合同违约，遂诉至法院。

裁判结果

徐州市泉山区人民法院于 2011 年 6 月 16 日作出［2011］泉商初字第 240 号民事判决：被告中国移动通信集团江苏有限

公司徐州分公司于本判决生效之日起 10 日内取消对原告刘某捷的手机号码为 1590520××××的话费有效期的限制，恢复该号码的移动通信服务。一审宣判后，被告提出上诉，二审期间申请撤回上诉，一审判决已发生法律效力。

裁判理由

法院生效裁判认为：电信用户的知情权是电信用户在接受电信服务时的一项基本权利，用户在办理电信业务时，电信业务的经营者必须向其明确说明该电信业务的内容，包括业务功能、费用收取办法及交费时间、障碍申告等。如果用户在不知悉该电信业务的真实情况下进行消费，就会剥夺用户对电信业务的选择权，达不到真正追求的电信消费目的。

依据《合同法》第 39 条的规定，采用格式条款订立合同的，提供格式条款的一方应当遵循公平原则确定当事人之间的权利和义务，并采取合理的方式提请对方注意免除或者限制其责任的条款，按照对方的要求，对该条款予以说明。电信业务的经营者作为提供电信服务合同格式条款的一方，应当遵循公平原则确定与电信用户的权利义务内容，权利义务的内容必须符合维护电信用户和电信业务经营者的合法权益、促进电信业的健康发展的立法目的，并有效告知对方注意免除或者限制其责任的条款并向其释明。业务受理单、入网服务协议是电信服务合同的主要内容，确定了原被告双方的权利义务内容，入网服务协议第四项约定有权暂停或限制移动通信服务的情形，第五项约定有权解除协议、收回号码、终止提供服务的情形，均没有因有效期到期而中止、解除、终止合同的约定。而话费有效期限制直接影响原告手机号码的正常使用，一旦有效期到期，将导致停机、号码被收回的后果，因此被告对此负有明确如实告知的义务，且在订立电信服务合同之前就应如实告知原告。

如果在订立合同之前未告知，即使在缴费阶段告知，亦剥夺了当事人的选择权，有违公平和诚实信用原则。被告主张"通过单联发票、宣传册和短信的方式向原告告知了有效期"，但未能提供有效的证据予以证明。综上，本案被告既未在电信服务合同中约定有效期内容，亦未提供有效证据证实已将有效期限制明确告知原告，被告暂停服务、收回号码的行为构成违约，应当承担继续履行等违约责任。故对原告主张"取消被告对原告的话费有效期的限制，继续履行合同"的诉讼请求依法予以支持。

13. 律师费

律师费的问题在现实中争议颇大，一般情况下，除了法律有明确规定的情形外，律师费依赖于合同的约定，如果双方没有在合同中约定律师费的承担，那么当事人就要各自承担律师费。如果合同中约定了律师费的承担，现实中也分为两种观点，一种观点是，只要合同中有约定，律师费的金额又合理，败诉方就应该承担胜诉方支出的律师费；另一种观点则认为，除了合同中对律师费作出约定以外，当事人还必须实际支付了律师费，才能得到支持。因此，对于这一问题，还需要法律作出明确规定，但在目前情形下，合同作出约定是必需的，否则将得不到支持。

◇ 案例：Y 银行与刘某金融借款合同纠纷案

刘某与杨某系师生关系，杨某毕业后，自主创业。2010 年，杨某因资金周转需要，向 Y 银行申请贷款。刘某为杨某向 Y 银行借款提供保证担保，担保金额为借款本金 10 万元及利息、违约金等。2011 年，杨某因经营不善，无力偿还借款，Y 银行遂将杨某及刘某作为被告起诉到青岛市某区法院，要求刘某承担担保责任，银行的诉讼请求包括借款本金、利息、罚息及律师费 8000 元。律师接受刘某委托后，经过审查银行提交的证据，发现借款合同及保证合同中，对律师费并未作出明确约定，只是约定保证人保证的范围包括借款本金、利息、罚息及债权人为实现债权而支出的合理费用。律师遂建议刘某向法庭抗辩，由于合同中并未明确约定律师费由保证人承担保证责任，不同意承担律师费。一审法院没有采纳刘某的抗辩意见，判决刘某承担律师费。刘某不服，向青岛市中级人民法院提起上诉，青岛市中级人民法院经过审理，采纳了刘某的抗辩意见，依法驳回了 Y 银行要求刘某对律师费承担保证责任的诉讼请求。

14. 约定管辖

管辖是一个非常重要的问题，这就像两军打仗选战场一样，谁占据了战场主动权，谁就获得了巨大的优势。由于我国法律对于商事纠纷的解决方式，规定了诉讼和仲裁两种方式。因此，律师在审查合同时，首先要解决的便是纠纷解决方式是选择诉讼还是仲裁，而当事人对这两种方式的优劣是区分不清楚的，需要律师给予解释，同时结合交易的实际情况，最终确定选择仲裁还是诉讼。

确定争议解决方式以后，下一步就是选择解决纠纷的机构。在这一点上，所有人都知道选择己方所在地机构有利，但交易的现实情况，有时候不允许选择己方所在地机构。这个时候，为了平衡双方利益，律师可以帮助设计一个相对中立的条款，比如，选择原告方所在地法院或者选择与双方距离差不多的仲裁机构。

◇ 案例：D 公司与 N 公司买卖合同纠纷案

2016 年，山东青岛的 D 公司与江苏南通的 N 公司签订了一份《采购合同》，由 D 公司向 N 公司采购 10 万元的服装面料。合同签订后，D 公司在发货前支付了全部价款，N 公司也将服装面料发出。五天后，D 公司仍然没有收到服装面料，便和 N 公司联系，询问情况。N 公司此时提出，服装面料已经在物流公司仓库，但没有让物流公司交货，原因是近期国家环保政策，原材料价格上涨较快，提出让 D 公司增加货款 2 万元。D 公司不同意，要求按照合同履行。双方经过多日谈判，D 公司最终加价 2000 元。D 公司认为 N 公司不讲信用，想追究 N 公司的违约责任，向律师咨询意见。

D 公司为律师的常年法律顾问单位，合同虽然在签订时进行了一些修改，但基本框架仍然是按照律师起草的合同文本签订。经过向 D 公司了解，N 公司为了索取额外货款，拖延交货的行为已经违反了《采购合同》中对交货期限的约定，根据合同约定，任何一方有违约行为时，应当向守约方支付违约金 2 万元。律师建议 D 公司向 N 公司主张违约金 2 万元。

但由于本案标的额不大，如果去 N 公司所在的江苏南通起诉，D 公司的成本较高。此时，合同中关于管辖的约定就发挥了重要作用，《采购合同》中约定的管辖法院为 D 公司所在地法院，因此，本案可以在 D 公司所在的山东青岛起诉。

律师代理 D 公司起诉后，N 公司很快就与 D 公司联系，要求和解。最终，以 N 公司向 D 公司支付违约金 18 000 元告终，N 公司为自己的违约行为付出了代价，D 公司也维护了自己的合法权益。

15. 送达地址

根据《最高人民法院关于进一步推进案件繁简分流优化司法资源配置的若干意见》（法发〔2016〕21号）第3条的规定："当事人在纠纷发生之前约定送达地址的，人民法院可以将该地址作为送达诉讼文书的确认地址。"可以说，这一规定为解决送达难的问题提供了很好的支持。因此，律师在审查合同时，应当充分运用前述规定，在合同中约定送达地址，以便为将来可能到来的诉讼做好准备，减少因为送达不能而产生的麻烦。

另外还要注意的是，根据《最高人民法院关于适用〈中华人民共和国民事诉讼法〉的解释》第137条的规定："当事人在提起上诉、申请再审、申请执行时未书面变更送达地址的，其在第一审程序中确认的送达地址可以作为第二审程序、审判监督程序、执行程序的送达地址"。如果当事人在诉讼中填写了送达地址确认书，包括由代理人填写，该送达地址可以作为二审程序、审判监督程序、执行程序的送达地址。

◇ 案例：孔某秀、易某华饲养动物损害责任纠纷案

基本案情

上诉人孔某秀因与被上诉人易某华饲养动物损害责任纠纷一案，不服湖北省丹江口市人民法院〔2017〕鄂0381民初2448号民事判决，向本院提起上诉。本院依法组成合议庭对本案进行了审理。

裁判结果

本案按上诉人孔某秀撤回上诉处理。一审判决自本裁定书送达之日起发生法律效力。

二审案件受理费89元，减半收取45元，由上诉人孔某秀

负担。

本裁定为终审裁定。

裁判理由

本院审理过程中，按照孔某秀在第一审程序中确认的送达地址中的手机号码，多次与其电话联系，电话系统提示无法接通，接通后对方声称"打错啦"，按照一审卷宗中其提供的其他号码，亦未能与孔某秀取得联系。后通过法院专递送达方式向其确认的送达地址邮寄开庭传票，经查询结果为未妥投，原因是查无此人。《最高人民法院关于适用〈中华人民共和国民事诉讼法〉的解释》第137条规定："当事人在提起上诉、申请再审、申请执行时未书面变更送达地址的，其在第一审程序中确认的送达地址可以作为第二审程序、审判监督程序、执行程序的送达地址"。孔某秀提起上诉时未书面变更送达地址，故其在第一审程序中确认的送达地址可以作为第二审程序的送达地址。《最高人民法院关于以法院专递方式邮寄送达民事诉讼文书的若干规定》第11条规定："因受送达人自己提供或者确认的送达地址不准确、拒不提供送达地址、送达地址变更未及时告知人民法院、受送达人本人或者受送达人指定的代收人拒绝签收，导致诉讼文书未能被受送达人实际接收的，文书退回之日视为送达之日。受送达人能够证明自己在诉讼文书送达的过程中没有过错的，不适用前款规定。"二审开庭传票视为向其送达，孔某秀未按时到庭参加诉讼。

16. 其他

"鉴于"的作用。虽然目前司法实践对"鉴于"条款的效力尚有争议，但"鉴于"中的内容对于合同内容的理解有重大参考作用，已是不争的事实。特别是，进入诉讼以后，双方如果对合同条款内容的理解产生争议，"鉴于"部分的内容对案件审理的重要参考作用就体现了出来。例如，合同中约定了一方延期交货3天另一方即可解除合同，一般情况下，这种约定是会被认为非常苛刻的，违约方如果提出异议，很有可能被法院认定为无效。但如果合同的鉴于部分交代了如下背景，情况可能就完全不一样了。

鉴于：甲方目前有一重大合同需要履行，因资金紧缺，需要向乙方借款500万元用于购买原材料，年息20%，同时，第三方也已同意向甲方提供借款，年息24%；甲方需要在3日内获得借款购买原材料，否则就无法按期完成生产，影响重大合同的履行，乙方对此表示认可。

相信有了以上合同背景的介绍，如双方约定乙方不能在合同签订后3日内提供借款，甲方有权解除合同，其行为会获得法院的认可。

另外，"鉴于"条款对确定违约赔偿的范围有较大影响。根据《合同法》的原则，一般违约赔偿范围包括实际损失和预期利益损失，预期利益损失以合同订立时违约方可以预见的范围为限，"鉴于"条款对预期利益的确定有可能会起到决定性作用。

对于一些特殊的交易，合同中应当作出针对性的约定，防止因为约定不明出现纠纷。例如，涉外合同中，应当约定解决纠纷时适用的法律，约定合同文本发生歧义时，以哪种语言为准。

六、合同审查意见书的制作

有些企业会要求律师在审查完毕合同以后，制作专门的合同审查意见书，以供企业会签或存档使用，律师应当按照企业的要求制作。如企业没有此项要求，建议大家使用文档的修订模式进行，这种模式的好处是，律师改动的内容和合同原有内容都能看到，方便企业查看和使用。如企业认为律师一些修改没有必要或对方不能接受，可以直接点击拒绝修订，对于接受的部分，则可以直接点击接受修订。如对律师的整个修改均认可或不认可，也可以直接点击"接受对文档所做的所有修订"或"拒绝对文档所做的所有修订"，使用十分方便。

表3-4 合同审查意见书

合同名称		审查时间	
送审人		审查人	
方式		耗时	
合同基本内容			
主要问题修改意见			
备注			
反馈			

七、合同拟订和审查的几点注意事项

1. 简洁、易懂

GE 航空集团商业及一般航空和综合系统业务的总法律顾问肖恩·伯顿认为："一份合同不应该花费无数小时的讨论时间，商界领袖也不应该必须通过律师才能读懂他们将要处理的协议。如今的世界需要通俗易懂的合同，让潜在商业合作伙伴能在一顿午餐的时间里轻松签署，不需要律师介入。语义模糊造成的纠纷应该从世界上消失。"为此，肖恩·伯顿主导了企业的合同简化，制订了一系列简化版的合同，结果大获成功，不仅客户满意，公司业务人员也满意。更重要的是，它给公司带来了更多的业务。

不知从什么时候开始，国内律师行业也出现了这种苗头，将合同做得十分复杂和难懂，或许这是出于收费的需要。但本书认为，对于顾问单位来说，律师没有必要制作此类合同，应当以满足企业实际需要为原则，制作简洁、易懂的合同。

一份冗长且充斥着法律术语、除了律师没人能看懂的合同，除了给交易双方造成障碍以外，也会给律师造成相当大的障碍。那就是，具体负责签订合同的人员，会不停地向律师请教合同条款的意思，律师要不停地给他们解释，这无疑也会增大律师的工作量。可能有人会说，律师可以提前给相关人员做培训，帮助他们理解和实施合同。但实际上，对于非法律专业人士来讲，很难通过一两次培训就让他们掌握一份冗长且充斥着法律术语的合同，即使当时明白，他们也会很快忘记。

这里要声明一下，所谓的"简化"，并非指字数越少越好，而是指在满足交易需要的情况下，不需特别解释，高中生都能读懂的合同。正如这方面的学者罗伯特·伊戈尔逊（Robert Eagleson）所言："让信息传达畅通无阻。"

2. 实用

有些律师会收藏一些合同文本，以备在制作类似合同时使用。无疑，这是一种提高工作效率的好方法，但这种方法不可滥用。如果不加区分地将所有类似合同都制作成标准文本，那么，这种合同很可能会忽略了交易的特殊性，没有实用性。企业所需要的，是针对特定交易制作的特定合同，而不是不加区分地制定一个所谓标准合同。实际上，这也是造成很多合同冗长的原因。

实用的另一个要求是，律师必须根据特定交易，在合同中增加实用性的条款，以明确合同双方的权利和义务，保障委托人利益。具体来说，有以下几点：

（1）根据交易特有的风险增加实用条款。以电子产品网络服务器为例，由于产品的特殊性，买方很难在收到产品时对产品质量进行判断，只能进行物理外观和数量上的验收，产品需要在安装调试并运行一段时间后才能确定质量是否合格。因此，对于此类买卖合同的产品质量验收条款，就要作出特别约定，不能在收到产品时就一次性验收，而是要分两步验收，即第一步进行数量和物理外观上的验收，第二步是在产品安装调试并运行一段时间后再进行产品质量是否合格的验收。

（2）根据产品的特性增加实用条款。某些产品或服务会带有固有的特点，这些固有的特点如果不加以约定往往会影响合同的履行。例如，对于数量巨大的产品，往往需要通过计量手段验收或清点，无论是以重量、容积或数量计算，一般都会存在一定的误差。这就需要在合同中约定误差多少为正常的范围值，防止因误差而产生争议。

（3）根据合同对方可能违约的事项增加实用条款。还是以网络服务器为例，由于产品用途的特殊性，产品质量的稳定性特别重要，否则，一旦产品质量出现问题，买方很可能会遭到终端用户的投诉。比如出现网络不稳定、断网、无法上网等情况，合同中需要对这些情况作出针对性的约定，要求卖方承担违约责任。事实上，由于违约责任的具体承担方式和金额，几乎完全依赖于合同的约定，如果合同中没有约定的话，守约方往往很难充分维护自身的利益。

（4）根据合同对方的情况增加实用条款。这种情况在现实中特别重要，如果律师能够充分把握，可以大大增加合同的实用性。比如送达条款，当我们的交易对方是银行、保险公司时，是不用考虑送达不了的问题的，送达条款完全可以省略。相反，当合同对方是小的贸易公司甚至自然人时，送达条款就显得很重要，其可以防止在进入诉讼时，因没有约定送达条款，导致法院采取公告的方式送达，从而增加诉讼成本，延长诉讼时间。

3. 方便操作

方便操作的最直接表达就是，合同实施人拿到合同以后，可以直接使用或者很方便地使用。我们不能把一份还有很多待定事项的合同交给顾问单位，因为这样的话，非专业人士往往是不知道如何填写的，他们即使勉强填写，也很容易出错。这就要求律师在审查合同和制作合同时，尽量掌握全面的信息，将合同内容填写完整，对于不明确的事项，及时与客户沟通，确保交付的是一份完整的合同。

八、合同管理制度

合同管理制度主要是企业内部的管理制度，企业内部管理制度完善与否，也会涉及律师与企业的合作是否顺畅的问题，一般来说，合同管理制度包括以下内容。

①管理总则；②合同承办部门职责；③合同的签订；④合同的审查批准；⑤合同的履行；⑥合同的变更、解除；⑦合同纠纷的调解、仲裁和诉讼；⑧合同的日常管理；⑨考核与奖惩。

示例：

××公司合同管理制度

目　录

第一节　总则

1.1 为规范公司合同的管理，防范与控制合同风险，有效维护公司的合法权益，经充分征求公司员工意见，特制定本制度。

1.2 本制度适用于公司对外签订、履行的建立民事权利义务关系的各类合同、协议等，包括买卖合同、借款合同、租赁合同、加工承揽合同、运输合同、资产转让合同、仓储合同、供电（水、汽）合同、服务合同以及其他各类合同等。

1.3　本制度为公司规章制度的组成部分，经职工代表大会通过后生效。

第二节　合同承办部门职责

2.1 合同的承办由公司指定人员负责。

2.2 合同具体承办部门的主要职责

（1）负责合同相对方资信情况、履约能力等情况的调查，并提供相应资料；

（2）具体负责所承办合同的招标、谈判和文本的起草；

（3）严格按照规定的程序完成合同的审批手续；

（4）负责合同的履行，及时解决履行中出现的问题。遇有合同变更、解除等重大事项，须报总经理审核同意；

（5）负责所承办合同的归档。

第三节　合同的签订

3.1 签订合同，必须遵守国家的法律法规的规定。

3.2 对外签订合同，除法定代表人外，公司其他员工必须持有《授权委托书》。《授权委托书》采取一事（合同）一授权，合同一经签订，委托事项即行终止。

3.3 被授权员工必须对本公司负责，对本职工作负责，在授权范围内行使签约权。超越代理权限和非法受托人均无权对外签约，但经总经理特别授权并发给委托证明书的例外。

3.4 签约人在签订合同前，应预先审查对方以下情况：

（1）对方当事人主体资格审查。包括：公司名称、性质、地址、营业执照、经营范围、注册资金以及依法应当办理的行政许可证。

（2）对方当事人资信情况及履约能力审查。包括：资产负债、技术设备、产品质量、商业信誉等。

（3）对方合同承办人员资格审查。包括签约代理人的身份证明、授权委托证明。

不得与不能独立承担民事责任的组织签订合同，也不得与法人单位签订与该单位履约能力明显不相符的合同。做到既要考虑本方的经济效益，又要考虑对方的条件和实际能力，防止上当受骗，防止签订无效合同，确保所签合同有效、有利。

3.5 签订合同，如涉及公司内部其他单位的，应事先在内部进行协商，统一平衡，然后签约。

3.6 合同除即时清结，一律采用书面形式。

"书面形式"是指合同书、补充协议、公文信件、数据电文（包括电报、传真、电子邮件等），除情况紧急或条件限制外，公司一般要求采用正式的合同书形式。

3.7 合同双方当事人权利、义务的规定必须明确、具体，文字表达要清楚、准确。

合同内容应注意的主要问题是：

（1）首部，注意写明合同双方的全称、签约时间和签约地点。

（2）正文部分，注意：产品名称应具体写明牌号、商标、生产厂家、型号、规格、是否成套产品等；技术质量要求要明确、具体；数量要明确计量单位、计量方法、正负尾差、合理差价即自然损耗率等；运输方式及运费承担应具体明确；交（提）货期限、地点及验收方法应明确；违约责任应具体写明约定的违约金数额、比例及计算方法。

（3）结尾部分，注意：双方都必须使用合同的印章——公章或合同专用章，不得使用财务章或业务章等不合格印章；注明合同的有效期限。

3.8 签订购销合同应以现款为主,不准赊销;确需赊销或代销的,总经理审批。

3.9 任何人对外签订合同,都必须以维护本公司合法权益和提高经济效益为宗旨,绝不允许在签订合同时假公济私、损公肥私、谋取私利,违者依法严惩。

3.10 合同中对方当事人要求提供担保或本方要求对方当事人提供担保的,应结合具体情况根据《担保法》的要求办理相关手续。

3.11 合同文本中所有文字应具有排他性的解释,对可能引起歧义的文字和某些非法定专用词语应在合同中进行解释。

3.12 对技术类合同和其他涉及经营信息、技术信息的合同应约定保密承诺与违反保密承诺时的违约责任。

3.13 履行期限长的重大经济合同应当约定合同双方联系制度。

3.14 根据《合同法》对违约责任作适当约定,注意合同的公平性。

3.15 解决争议的方式可选择协商、调解、仲裁或诉讼,签订合同时,除合同履行地在我方所在地外,签约时应力争协议合同由我方所在地人民法院管辖。选择仲裁的应明确约定仲裁机构的名称,双方对仲裁机构不能达成一致意见的,可选择第三地仲裁机构。

3.16 合同有附件的,应要求对方在附件上盖章确认。合同尽量使用打印稿,手写时应保证字迹工整、清晰。

第四节 合同的审查批准

4.1 合同在正式签订前,必须按规定上报领导审查批准后,方能正式签订。

4.2 合同审查的要点是：

（1）合同的合法性。包括：当事人有无签订、履行该合同的权利能力和行为能力；合同内容是否符合国家法律、政策和本制度规定；当事人的意思表示是否真实、一致，权利、义务是否平等；订约程序是否符合法律规定。

（2）合同的严密性。包括：合同应具备的条款是否齐全；当事人双方的权利、义务是否具体、明确；文字表述是否确切无误。

（3）合同的可行性。包括：双方当事人特别是对方是否具备履行合同的能力、条件；预计取得的经济效益和可能承担的风险；合同非正常履行时可能受到的经济损失。

4.3 合同的审批程序如下：

（1）申报：签约人在授权范围内对外签订合同，应就商谈约定的内容草拟合同文本，随同合同初稿及有关资料、附件，一并送相关部门审查批准。

（2）审核：对送审的合同，由相关部门认真审阅，必要时可进行调查研究，最后作出：批准、不批准的决定；通知送审单位补报材料或进一步谈判。

（3）最后签订：经会签的合同文本定稿并经公司法律顾问审查后，由合同承办部门送主管领导或法定代表人签批，由承办部门加盖合同专用章。

4.4 法律、行政法规规定应当办理批准登记手续的合同，合同成立后由承办部门依法及时办理。

4.5 合同正式签订后，合同文本除经办人自行保管外，应当随合同审查会签表交存公司一份备案。

第五节　合同的履行

5.1 合同依法成立，即具有法律约束力。一切与合同有关的部门、人员都必须本着"重合同、守信誉"的原则，严格执行合同所规定的义务，并随时督促对方当事人及时履行其义务。

5.2 在合同履行过程中，对本公司的履行情况应及时做好记录并经对方确认。

（1）履行销售合同交付货物时应由对方当事人签署一式二份的收货单，一份留存对方，一份交销售部门备查。向对方当事人交付发票时应由对方当事人出具收条。

（2）履行采购合同付款时应由对方当事人出具收款收据或收条，公司原则上只开具限制性抬头的转账支票，不允许以现金形式支付。

5.3 在履行合同过程中，经办人员应随时了解、掌握合同的履行情况，发现问题及时处理汇报。否则，造成合同不能履行、不能完全履行的，要追究相关人员的责任。

5.4 在常年合同特别是常年销售、采购合同的履行过程中，经办人员应定期对账，确认双方债权债务。

5.5 合同履行完毕的标准，应以合同条款或法律规定为准。没有合同条款或法律规定的，一般应以物资交清、工程竣工并验收合格、价款结清、无遗留交涉手续为准。

5.6 在对方当事人发生兼（合）并、分立、改制或其他重大事项以及本公司或对方当事人的合同经办人员发生变动时，应及时对账，确认合同效力及双方债权债务。

第六节　合同的变更、解除

6.1 在合同履行期间由于客观原因需要变更或者解除合同的，须经双方协商，重新达成书面协议，新协议未达成前，原合同仍然有效。本方收到对方当事人要求解除或变更的通知书后，应当在规定的期限内作出书面答复，答复前应经总经理同意。

6.2 存在下列情形之一的，本方可以单方解除合同：

（1）因不可抗力致使不能实现合同目的；

（2）在履行期限届满之前，对方明确表示或者以自己的行为表明不履行主要债务；

（3）对方迟延履行主要债务，经催告后在合理期限内仍未履行；

（4）对方迟延履行债务或其他违约行为致使不能实现合同目的；

（5）法律规定的其他情形。

6.3 变更或解除合同的，应当采用书面形式（包括书信）；变更或解除经济合同的协议应按照合同签订程序报原审批人员批准。法律、行政法规规定变更合同应当办理批准登记等手续的，应依法及时办理。

第七节　合同纠纷的调解、仲裁和诉讼

7.1 合同双方在履行过程中发生纠纷时，应首先按照实事求是的原则，平等协商解决。

7.2 合同双方在一定期限（一般为一个月）内无法就纠纷的处理达成一致意见或对方当事人无意协商解决的，经办人员应及时书面报告部门经理，并拟订处理意见，报主管领导决定。对方当事人涉嫌合同诈骗的，应立即通知公司法律顾问。

7.3 公司决定采用诉讼或仲裁处理的合同纠纷，以及对方当事人起诉的，相关部门应及时将合同的签订、履行、纠纷的产生及协商情况整理成书面材料连同有关证据送交公司法律顾问。

第八节　合同的日常管理

8.1 公司的合同专用章、空白合同、授权委托书由专人管

理，业务人员不得随带合同专用章或已盖章的空白授权委托书、空白合同出差，特殊情况，由总经理批准。

合同专用章、盖章的空白合同、授权委托书、已签订的合同等遗失的，应及时向当地公安机关报案，并登报声明。

8.2 已签订的合同及送货回单，发票收据以及业务往来传真、信函、对账单等资料，销售、采购部门的业务人员应自行保管好复印件，同时将原件交付公司档案部门，公司档案部门应当做好交接登记。

8.3 合同经办人员与本公司终止劳动关系前应把有关材料及空白合同、名片、委托书移交完毕，经公司相关部门确认后方可办理有关手续。

第九节　考核与奖惩

9.1 自试用期结束、转正一年后起，每年度各月工资在第一年工资的基础上递增。具体办法由公司另行规定。

9.2 对在合同签订、履行过程中发现重大问题，积极采取补救措施，使本公司避免重大经济损失以及在经济纠纷处理过程中，避免或挽回重大经济损失的，予以奖励。

9.3 合同经办人员出现下列情况之一，给公司造成损失的，公司将依法向责任人员追偿损失，情节严重的，将移送司法机关，依法追究其刑事责任：

（1）未经授权批准或超越职权签订合同；

（2）为他人提供合同专用章或盖章的空白合同，授权委托书；

（3）应当签订书面合同而未签订书面合同。

9.4 合同经办人员出现下列情况之一，给公司造成损失的，公司酌情向有关人员追偿损失：

（1）因工作过失致使公司被诈骗；

（2）公司履行合同未经对方当事人确认；

（3）遗失重要证据；

（4）发生纠纷后隐瞒不报或私自了结或报告避重就轻，从而贻误时机的；

（5）合同专用章、盖章的空白合同、授权委托书遗失未及时报案和报告；

（6）其他违反公司相关制度的。

公司职员在签订、履行合同过程中触犯刑法，构成犯罪的，将依法移交司法机关处理。

第四节　日常维护工作的几个注意事项

一、尽量为客户提供"一键式操作"服务

本书作者在给所里的青年律师培训时，也讲过这个话题，但发现很多年轻律师并没有当回事。

没当回事的现实表现就是，提交的工作成果，总还需要作者做很多修改，对于法律知识和经验上的不足，还可以理解，但对于一些很基本的东西，作者意见很大。比如，合同的格式可不可以调整得美观些？错别字可不可以别有？邮件的内容能不能写得完整些？一些能做的工作能不能做好些？甚至有时候，作者不得不教年轻律师如何去做PPT，如何使用WORD的一些基本功能，尽管作者觉得，作者在这方面的知识并不丰富，年轻律师应该比作者强，但现实却往往并非如此。

除了一些紧急情况外，作者还有个习惯，发给客户的任何文件，在写完之后，一定会检查两遍，确认没有问题后，才敢发送出去。对于一些重大复杂的法律文书，则会找别的同事帮忙再核对一下，以免自己由于"审美疲劳"，犯下一些错误。很

多优秀律师，也都有这个工作习惯。

但是有些年轻律师并不这样想，特别是一些刚入行的实习律师，很多文件是写完就发送给老律师，不去关心有没有错误，更不去关心格式美不美观这些"琐碎小事"。他们没有去考虑一下，这样一份工作成果，交给老律师以后，老律师还需要付出多大的精力。很多老律师之所以不愿意带实习律师的一个理由，就是觉得麻烦，有教的功夫，那点活自己早干完了。

是的，对客户负责的确实是老律师，出了事也是他们担着，但作者觉得，如果我们想早日成长为一名优秀律师，就要从开始养成良好的工作习惯，一旦路子从开始就走歪了，将来想纠正可太难了。

记得照相机还是胶卷时代的时候，有一款相机叫"傻瓜相机"，曾经深受大众的喜欢，它的操作特别方便，不需要调焦，只要对准想拍的对象按下快门即可。这对于非专业人士来说，简直太方便了。这种方式，就是一键式操作，让客户在使用的时候，充分享受到便捷和简单。

这个原理用在我们的工作中是极好的，我们也要努力给客户提供一键式操作服务，最起码，提供选择题，而不是问答题。

所以，我们在做任何一项工作的时候，都换位思考一下：如果我是客户，收到这样一份工作成果，我会满意吗？我能不能直接使用？是不是一键式操作？这样一想，我们对自己的要求自然就会高一些，不会马虎到错误百出。

而律师这个工作，是尤其不能犯错误的，一旦犯了错误，往往没有补救的机会，给客户造成的损失也可能十分巨大。社会大众对律师的要求也比较高，他们普遍认为律师应当是严谨的，仔细的。所以，一旦我们在工作中犯下这种"小错误"，也就意味着我们会失去客户的信任。

二、及时响应客户需求

作为企业，有时候难免遇到一些紧急事项，需要律师及时回复。这个时候，律师要尽量满足客户的需求，而不能像对待陌生客户那样，以没有预约、时间不够等理由推脱。事实上，这个时候也是最能体现律师服务能力的时候，如果是单个律师，确实有时间冲突的情况，这个时候往往无法满足客户的需求。如果是团队化服务，这个问题就迎刃而解，完全可以由团队其他成员提供服务。

随着即时通信工具的发展，客户对律师的响应时间要求越来越高，智能手机更是让我们可以随时随地办公，律师如果还以不在办公室来推脱，往往会让客户觉得服务不好。智能手机功能的强大，从某种程度上说，已经牢牢地将律师与工作拴在了一起。

事实上，不只律师的效率要提高，企业更是讲究效率，律师只有跟上企业的节奏，才能为企业提供高质量的服务。当今社会是一个高速运转、竞争激烈的社会，企业在商业活动中，早已经适应了争分夺秒的节奏。如果我们对于客户的响应速度不及时，那么就会被竞争对手在这个"空隙"中钻空子，长此以往，很可能会丢掉客户。《哈佛商业评论》对 2240 家企业的调查统计结果显示，B2B 企业对其线索做第一次回应的时间平均为 42 小时，37%的企业在一个小时内回应销售线索。律师在为客户服务时，也要充分考虑这一现状，不能将辛辛苦苦开拓的顾问单位轻易丢掉。

有些年轻律师由于经验的问题，往往迟迟不敢回应企业的咨询，总是一拖再拖，这种做法十分不可取。事实上，律师推迟回复的时间，确实可以为律师寻找更好的建议留下更充分的时间，但对于企业来说，很可能会错过交易的机会。如果企业在没有得到律师建议的情况下达成了交易，那么企业面临的风险将更大。如果律师及时回复，哪怕律师提供的建议不是完美的，企业也可以获得部分帮助。当然，我们还是要在企业要求的时间内，尽量回复合适的建议，年轻律师当发现自己不能按照企业要求的时间回复时，一定要向老律师求助，这样会节省大量时间。因为老律师的一个指导建议，很可能就会为年轻律师节省几个小时。

三、发现错误及时更正

对于这个问题，可能不同的律师有不同的认识。有些律师认为，律师是不能犯错的，哪怕将问题解答错了，只要没造成严重后果，就无须主动纠正，甚至认为，律师认错就是在自毁招牌。但本书作者认为，律师在发现错误时，还是应当及时纠正的。

这么做有两个原因，一是防止因为律师的错误给客户造成损失，这直接关乎律师的职业道德以及职业操守。二是律师这么做，并不会自毁招牌。事实上，我们都知道，任何人都会犯错误，律师也不例外。当律师犯了错误以后，及时纠正，帮助客户避免损失，这正是律师获得客户认可的机会，会让客户觉得律师负责任，提升客户对律师的认可度。

更何况，按照律师法及律师协会的规定，一旦律师给委托人造成损失，很可能面临赔偿的问题，如果律师不及时纠正错误，给委托人造成了更大的损失，无疑面临的赔偿责任也会更大。因此，从减小委托人损失和减轻律师责任的角度来说，律师在发现错误时必须更正。

四、注重沟通

沟通是一门艺术，更是一门学问，它涉及我们的自我认知能力，以及理解对方需求的同理心，还有情绪控制力和践行的技巧，同时，沟通也是顺利完成工作的最好法宝。沟通能力包含着表达能力、争辩能力、倾听能力和设计能力（形象设计、动作设计、环境设计）。沟通能力看起来是外在的东西，而实际上是个人素质的重要体现，它关系着一个人的知识、能力和品德。

沟通过程的要素包括沟通主体、沟通客体、沟通介体、沟通环境和沟通渠道。

1. 沟通的主要作用

（1）传递和获得信息。信息的采集、传送、整理、交换，无一不是沟通的过程。通过沟通，交换有意义、有价值的各种信息，生活和工作中的大小事务才得以开展。

掌握低成本的沟通技巧、了解如何有效地传递信息能提高人的办事效率，而积极地获得信息更会提高人的竞争优势。好的沟通者可以一直保持注意力，随时抓住内容重点，找出所需要的重要信息。他们能更透彻了解信息的内容，拥有最佳的工作效率，并节省时间与精力，获得更高的生产力。

（2）改善人际关系。社会是由人们互相沟通所维持的关系组成的网，人们相互交流是因为需要同周围的社会环境相联系，需要维持良好的人际关系。沟通与人际关系两者相互促进、相互影响。有效的沟通可以赢得和谐的人际关系，而和谐的人际关系又使沟通更加顺畅。相反，人际关系不良会使沟通难以开展，而不恰当的沟通又会使人际关系变得更坏。

沟通是人类组织的基本特征和活动之一。没有沟通，就不可能形成组织和人类社会。家庭、企业、国家，都是十分典型的人类组织形态。沟通是维系组织存在，保持和加强组织纽带，创造和维护组织文化，提高组织效率、效益，支持、促进组织不断进步发展的主要途径。

有效的沟通能让我们高效率地把一件事情办好，充分了解对方的需求，善于沟通的人懂得如何维持和改善相互关系，更好地展示自我能力、发现他人需要，与他人保持更加融洽的人际关系，最终赢得更成功的事业。

2. 有效沟通的意义

①满足人们彼此交流的需要；②使人们达成共识、更多地合作；③减少错误，提高办事效率；④能获得有价值的信息，更好地满足对方需求；⑤使人进行清晰的思考，有效把握所做的事。

3. 年轻律师应当尤其注重沟通

年轻律师由于执业经验和能力不足，在执业过程中，有时候很难达到委托人的要求，或者，很难准确理解委托人的要求和事情的性质，如果再不充分沟通，一旦将委托人的要求弄错了，工作成果就更不会让委托人满意。而且，在现实中，有些年轻律师非常努力，处处为委托人着想，但由于缺乏沟通，最后交付的工作成果却不能让委托人满意，这种状况让人非常痛心，长此以往，年轻律师的信心会受到打击，严重的甚至会放弃律师职业。事实上，没有进行有效的沟通，弄错了委托人的要求，就会产生南辕北辙的结果，虽然这个成语故事大家都知道，但在工作中，还是会犯这种错误。

更有一部分年轻律师，由于自己对法律和案件的理解有偏差，在为委托人服务的过程中，坚持自己的观点，鼓励甚至要求委托人改变想法，让委托人配合自己的方案，这种做法是非常危险的。律师的方案正确还好，一旦出现了偏差，会造成灾难性的后果，使委托人丧失对律师的信心，即使律师的出发点是好的。而且，法律途径毕竟只是解决问题的一种方式，委托人有时出于其他方面的考虑（比如亲情、以后的合作、朋友的面子），会作出一些妥协和让步，甚至会选择看起来不太理智的方案，这个时候，律师更要与委托人充分沟通，了解事情真相，不能仅凭自己的主观好恶来评价委托人的做法，更不能强行要求委托人按照律师的方案来执行。

五、放低姿态，注重服务

律师在从事法律顾问服务过程中，会和各种各样的企业打交道，也会和各种各样的人打交道，有的人会比较强势，有的人会比较好相处，律师要学会放低姿态，注重服务，而不是过分看重自身地位。事实上，律师提供法律服务，从某种意义上说，也是服务业的一员。只不过，律师提供的服务更专业，更容易获得委托人尊重，但律师不应当把这种优势作为一种筹码，去获取额外的待遇。

有些年轻律师在为企业服务的过程中会陷入一个误区，认为自己既然是专业律师，那么，就只能做法律事务，其他事情一概与自己无关，这是非常错误的。比如，当向企业的工作人员索取资料时，尽量客气一些，不能用命令式的口气。当我们与客户会谈完成后，顺手将椅子放回原位，快走几步帮客户开门，这都是最基本的礼节和教养，可以有效拉进我们与客户之间的心理距离。如果表现得过于高冷，会给客户留下十分不好的印象，不利于合作的开展。

注重服务的另一个方面是，律师要主动为客户着想，帮助客户解决潜在的问题，而不是等客户找上门时才应付一下。服务时要主动多往客户处跑，少让客户往律师事务所跑，这样，才会让企业感受到服务的贴心。事实上，有些企业由于用车不便，或者管理制度的原因，员工可能无法外出，这个时候如果律师不主动上门服务，很可能会引起企业的不满。

第五节　诉讼和非诉专项法律事务代理

一、诉讼案件代理

一般情况下，企业都会将诉讼案件交由顾问律师代理，事实上，顾问单位的诉讼案件也是律师案源的一大保障。律师在代理顾问单位的诉讼案件时，有以下较为突出的优势：一是对企业较为熟悉，能够较好地理解企业目的；二是与企业对接较为顺畅，可以迅速进入角色；三是对案情较为熟悉，对案件的把握更加准确。

同时，顾问单位对律师也往往会有较高的要求，比如，要比其他律师更迅速地立案，甚至在律师费还没有支付的情况下，就要求律师先开展工作，更会要求律师费的优惠。律师在为顾问单位代理诉讼案件时应当注意以下事项：一是要快速响应企业的需求，在诉讼案件前期就要介入，帮助企业收集和固定证据，为诉讼作准备。二是为企业分析进行诉讼的必要性，能通过其他方式解决的，尽量避免进入诉讼。如果企业每年诉讼案件较多，会让企业怀疑律师的作用，律师很难再让企业相信，法律顾问帮助企业避免了很多法律风险。三是通过诉讼案件的代理，发现企业面临的法律风险，帮助企业完善法律风险管理制度，避免类似案件的再次发生。

律师在为顾问单位代理诉讼案件时，还要特别注意律师费问题。有些企业会要求律师每年为企业免费代理一定数量的案件，在这种情况下，律师应当恰当处理，将此部分事项明确写入法律顾问聘用合同，避免双方将来对案件数量产生争议，更要避免律师陷入不正当竞争的泥潭，甚至被协会调查。此部分事项写入法律顾问聘用合同以后，可以有效地保护律师。

二、非诉专项法律事务代理

非诉专项法律事务的范围很广，包括尽职调查、债券发行、股东大会见证、企业并购等。律师为顾问单位代理此类业务，需要比一般业务更加认真负责，将此类业务视为法律顾问服务的重点事项。

非诉专项法律事务的另一个方面是，律师需要事先告知企业单独收费的事项，否则，企业很可能会认为，此事项不是诉讼事务，包含在日常法律顾问服务当中。

第四章
工作档案的重要性

第一节　完整的档案是律师向顾问单位
展示自我工作的最好载体

一、法律顾问工作的可视化

律师提供的法律顾问服务很难用具体的数字指标或者可视化载体展现，这与诉讼业务有很大的区别。诉讼业务，最后会有一个法律文书作为结果，而法律顾问服务，很多情况下，只是一种咨询服务，甚至是口头的咨询服务，没有看得见的载体。在这种情况下，工作档案就是一个非常重要的载体，也是律师与企业续签法律顾问的重要武器。关于顾问单位，在实务中普遍存在续签难的现象，这一原因在很大程度上是由于律师在与企业谈续签时，拿不出自己提供法律服务的证据，让企业感觉自己付出的费用不值得，律师在一年中好像没做什么工作。而如果缺少工作档案的话，律师也往往讲不出自己一年到底提供了哪些服务。

工作档案可以有效解决以上问题，律师在与企业谈续约时，带着纸质档案前去，而且最好单独撰写一份工作报告，将一年来的工作进行系统梳理和总结，并将下一年度的工作进行简单规划，让企业认识到律师不但做了很多工作，而且还有许多工作要做。

工作档案的内容自然就是上面提到的各种工作记录和服务记录的集合，这就要求律师在平时的工作中要做好记录。这是一项非常繁琐而且需要长期坚持的工作，律师必须要有足够的毅力和耐心。

二、档案包括的内容

①律师事务所立案审批表；②法律顾问聘用合同；③律师费发票；④顾问单位简介；⑤卷内材料目录；⑥法律顾问工作记录；⑦法律顾问工作总结。

示例：

某某公司法律顾问工作总结

（一）基本案情介绍

某某公司的主营业务是房屋租赁，承租其房屋的承租人有近百人，在日常经营过程中，面临着大量的法律问题。这些问题的绝大多数是因为租赁合同产生的纠纷。某某公司于2007年6月聘任我所担任其常年法律顾问，2007年6月，顾问合同到期后，某某公司与我所续签了合同。

（二）委托情况

某某公司聘请我所担任承办律师后，主要目的是让我所帮助其规范房屋租赁的操作过程，规范内部管理，降低法律风险。

（三）对案件的分析论证

1. 某某公司存在的问题分析

经过初步的了解，我们认为，某某公司存在的主要问题是：

（1）房屋租赁合同不规范。某某公司的房屋租赁合同存在的问题较多，合同签订后，一旦发生纠纷，某某公司往往陷于不利的地位。由于对很多情况的约定不明确，某某公司往往在承租人违约的情况下，在追究对方的违约责任上存在很大困难，以致于无法挽回自己的损失。

（2）内部操作不规范。某某公司在内部的经营管理上存在不规范的现象。例如，承租人没有按照合同约定交纳租金，却已经开始使用房屋，以致于承租人开始拖欠租金时，公司要花费大量的时间和精力去催要；更有承租人因各种原因，在未交纳租金的情况下，突然消失，给公司造成了租金损失。

（3）公司业务人员缺乏法律知识。由于公司人员不是法律专业出身，对法律知识了解较少，对保留证据的概念较为淡漠。具体表现在，通知承租人履行义务时，往往采用口头通知的形式，不使用书面形式，在使用书面形式时，往往不让对方签收。一旦发生纠纷，进入诉讼程序，在举证上处于不利地位。

2. 上述问题的解决对策

在初步了解了委托人存在的问题后，律师认为，上述问题可以通过规范租赁合同文本、规范公司内部管理、开展对公司员工的法律培训的方式得到解决。同时，律师认为，应当对公司的情况进行全面了解，以制订适合于委托人的服务方案。

（四）工作方案及提供法律服务情况

在对委托人的情况有了初步了解以后，承办律师认为，针对委托人的情况应当制订全面的服务计划和方案，以对委托人的情况有个全面的了解。同时，为了贯彻所里提出的为委托人提供精细化、超值化法律服务的要求，承办律师制订了如下服务计划和方案：

1. 服务计划

（1）为企业建立详细、系统的档案。详细了解委托人的基本情况，包括公司历史（成长史、以往的失败案例和成功经验），公司目前的经营状况、管理架构、部门结构、业务流程等，复印公司的工商执照、税务登记等材料。为公司建立详细、系统的档案，提供针对性的服务。

为委托人建立详细、系统的档案，是为了给委托人提供系统的、连续的、有针对性的服务，这正是常年承办律师与提供一次性法律服务律师的不同之处。有了详细的、系统的档案，承办律师就能够熟悉委托人的情况，与委托人一起成长。这样的服务，才能真正起到防范风险、化解风险的作用，而不是等到法律风险发生以后，再采取补救措施。

（2）规范各类合同文本。收集公司各类合同文本（包括劳动合同、购销合同、加工承揽合同、进出口买卖合同等）。针对收集到的合同文本，并结合公司的实际情况，从法律的专业角度进行分析研究，规范合同的各项要件，对原合同中欠缺之处加以修改和审定，协助制定标准的合同文本。

（3）年中总结。针对公司上半年实际运营中所出现的问题加以分析、研究，并与委托人进行深入探讨，总结过去，展望未来，对服务模式以及实施方案作相应的调整。

（4）劳资法律培训。针对公司的劳资问题，结合公司的实际劳资纠纷，进行劳资法律培训；指导公司相关人员签订劳动合同的相关技巧。

（5）协助完善规章制度。通过对公司总体架构运行情况的熟悉，找出其中的弊端，寻求完善的方案，充分调动公司各单元的活力；补充完善公司的规章制度，制定切实有效的激励约束机制，寻求公司效益最大化。

（6）一线人员法律培训。对委托人的一线行销人员进行业务法律培训，从整体上提高公司员工的法律素养和意识。

（7）年终总结，综合评价。回顾整年度的服务情况，要求委托人对服务质量和工作方法作出综合评价；同时就委托人的现状提出专业的整体评估。与委托人协商制订下一年度的服务计划，签订下一年度商务顾问的续约合同。

同时，向委托人指出，以上服务计划只是一个大纲，委托人在平时的经营中遇到法律问题，可随时与承办律师联系，承办律师随时帮助委托人解决法律问题。以上服务计划也可根据委托人的实际情况或新法律法规的实施情况作出相应调整。

2. 服务情况

（1）在制订出以上服务计划后，承办律师立即开始工作。与顾问单位相关负责人联系后，承办律师第一步制定双方的联系方式确认函，将承办律师的各种联系方式以书面的形式提交委托人。同时，也让委托人指定专人负责与承办律师联系，确定相互联系方式。通过与委托人指定的联系人交流以及要求委托人提供各种资料，承办律师为委托人建立详细的、系统的档案，对顾问单位的情况有较为详细的了解。

（2）在对委托人的情况有较为详细的了解的基础上，承办律师为委托人制订了房屋租赁合同的范本，供委托人使用。同时，针对委托人的要求和实际的情况，不断加以完善。

（3）对顾问单位的业务人员进行法律知识的培训，这些培训的方式一是现场讲课，二是在进行日常事务的处理时，如果牵扯到某一法律问题，承办律师认为必要时，会向委托人的工作人员进行讲解。

（4）新法律法规出台时，及时向委托人提供相关法律信息，并对新法律法规进行讲解。在过去一年的工作中，共向委托人出具法律信息 5 份，充分贯彻所里提出的为委托人提供超值化服务的要求。

（5）针对发现的问题，向委托人出具法律风险提示书。在为委托人处理法律问题的过程中，针对已经发现的潜在风险，承办律师及时向顾问单位指出，并以书面的形式向顾问单位出具法律风险提示书，提请委托人充分注意相关法律风险。在过去一年的工作中，共向委托人出具法律风险提示书 3 份，充分贯彻所里提出的为委托人提供精细化法律服务的要求。

（6）及时上门服务。委托人业务的特点，决定了委托人与承租人之间的大量纠纷需要调解。而且，由于承租人众多，委托人的业务量较大，特别是在年底，合同大规模到期时，往往产生各种纠纷。承办律师在这方面充分考虑委托人的需求，加班加点满足委托人的需要，帮助委托人参与谈判，为委托人化解了大量纠纷。

（7）随时随地接受委托人的电话咨询，为委托人及时解答咨询。委托人有问题时，可以随时拨打承办律师的电话。为了及时为委托人提供服务，团队制定了制度，要求承办律师对于简单问题，能口头解答的当时口头解答。不能立即口头解答的，24 小时内回复。

（8）代理诉讼案件一件。在过去一年的工作中，代理委托人委托的诉讼案件一件，帮助委托人追回了租金和利息损失，维护了委托人的利益。

（9）制定服务标准和工作规则。为了给委托人提供超值化和精细化的法律服务，团队专门制作了《法律顾问工作服务质量标准》和《法律顾问工作规则》，对团队的日常工作进行规范，促进服务的标准化和规则化，保证服务质量。

（10）完善各种文书格式。团队专门设计了各种工作记录、法律信息、法律提示书、合同审查、法律顾问服务记录等文书的样本，以标准化来促进服务质量的提高。同时，这种标准化的文书样本设计，也促进了律师对工作的不断总结创新，让律师对委托人已发生的事务有一个清晰的了解，提高承办律师为顾问单位提供针对性法律服务的能力。

（11）撰写结案报告。合同到期后，承办律师将担任法律顾问一年来的工作成果装订成册，撰写出结案报告，让委托人对承办律师的服务作出评价。

（五）办案体会

委托人与我所续签顾问合同，说明他们对我所的服务是满意的。承办律师在担任法律顾问一年的过程中，有如下体会：

（1）团队服务促进服务的专业化。金融、公司事务团队按照所里的要求，指派专门律师为委托人提供法律服务，同时，以团队的力量保证可以为委托人提供多样化的法律服务，满足委托人的需要。

（2）精细化、超值化的法律服务是委托人满意的保障。合同到期前几天，承办律师带着装订好的案卷去找委托人的负责人谈合同续签事宜，负责人看到厚厚的卷宗时，对承办律师的工作作出了满意的评价，对承办律师工作的精细提出了表扬。

（3）及时沟通是提供服务的前提。承办律师在担任委托人法律顾问后，与委托人的相关负责人进行了较为频繁的接触，充分了解委托人负责人的想法，了解委托人的需求。通过及时的沟通，承办律师掌握了委托人的各种需求，才能为委托人提供针对性的服务。

（4）熟悉委托人业务是提供针对性服务的必要要求。律师要想为委托人提供有针对性的服务，满足委托人的要求，就必须熟悉委托人的业务。为此，承办律师与委托人的工作人员多次、经常接触，了解他们的工作流程和需求，有针对性地提供法律服务，满足他们在工作中的法律需求。

（5）扎实的专业技能是提供服务的基础。要想为委托人提供高质量的服务，律师必须有扎实的法律专业知识，才能帮助委托人尽量避免法律风险，为委托人提供高质量的服务。为此，承办律师在为委托人提供服务期间，不断加强学习，结合委托人现实中遇到的问题，为委托人提供合理的解决问题的方案。

第二节　整洁的案卷是律师与顾问单位续签的最好法宝

工作档案形成以后，并不是订起来就可以，还要尽量做到整洁美观，形式和内容并重，让顾问单位第一眼就喜欢上律师的工作案卷，这样才能得到企业的认可。

一、案卷应当装订成册

实际上，不只律师业有这个要求，我们可以看一下司法机关，他们每一个案件结案以后，也得要归档，形成案卷备查。法律顾问业务虽然不是诉讼案件，但也应当整理归档。实务中，我们曾经碰到有些律师事务所的卷宗，竟然是用一张 A4 纸包起来的，外面只是扎了根绳。这种案卷，如果交给委托人看，在其心中肯定不会拿到高分。

二、案卷封面内容应当完整

这是进一步展现律师工作成果和形象的机会，有些律师不习惯填写卷宗封面，很多项目空着，这会给委托人留下不严谨的印象，影响律师得分。

三、向顾问单位提供电子档案

纸质档案在很多时候只是在向顾问单位展示时使用，一般还要放回律师事务所。这个时候，建议将电子档案交付顾问单位，对于确实需要纸质档案的顾问单位，律师也可以提供。我们在现实中，就曾碰到好几家顾问单位，向我们索要卷宗，作为样本展示给员工，要求员工向我们学习。

还有一些顾问单位，有工作留痕的要求，律师如果能够提供给顾问单位纸质档案，无疑也会加分很多。作者有好几家顾问单位，在续签时，都是因为提供给顾问单位几本厚厚的卷宗而顺利续签。顾问单位表示对律师的工作十分满意。

第三节 及时的记录是律师掌握顾问 单位事务的最好工具

不可否认，律师的工作是非常忙碌和庞杂的。律师在为企业提供服务的过程中，难免会有忘记记录的情况，要克服这种困难，唯一的办法就是及时记录，做到当天事当天记，否则，肯定会有遗漏。及时的记录，还可以让律师掌握顾问单位曾经发生的法律事务，了解顾问单位下一步的需求，及时做好准备。

智能手机的普及，让这项工作变得相对容易了很多，律师可以在工作完成后，随时记录，这种记录可能是简单的和随意的。律师时间充裕时，进一步整理即可。

一、工作记录促进团队内部交流

工作记录的一个重要作用是，促进团队内部交流。一般来说，为了给顾问单位提供及时和全面的服务，需要一个团队的互相协作。为了让团队成员之间了解彼此的工作，防止出现沟通不畅的情况，工作记录的共享是一种很好的方式，这样能让所有团队成员都掌握顾问单位的动态，了解其他律师提供了哪些服务，防止出现冲突和遗漏，降低沟通成本。如果能结合一些软件，将工作记录在软件上共享，这样可以大大节省团队之间沟通的成本。

而且，年轻律师通过查看高年级律师的工作记录，可以学习业务知识，提高业务技能，又解决了年轻律师的培养问题，可以说是一举两得。

二、工作记录帮助律师掌握顾问单位事务

很多时候，律师服务的顾问单位不止一家，时间一长，难免会遗忘一些事项，但通过查看工作记录，可以很容易想起来，从而为顾问单位提供连续的法律服务。而且，全面的工作记录，可以让律师系统地了解一些事项，避免提供片面的法律建议，更可以防止提供前后不一致的建议，提升律师的服务质量。

第五章
法律顾问工作的形式

第一节　工作记录

一、工作记录的作用

工作记录是律师用来记录日常工作和服务的一种形式，它一方面可以让律师记录自己的工作，便于日后查看，一方面也是企业监督律师工作的重要载体。具体作用在上一章已经论述，不再重复。

工作记录需要记载清楚律师服务的具体内容，特别是律师给出的建议，应当记录完整，以备日后查阅。这么做一方面是向顾问单位展示律师的工作，另一方面在发生争议时，也是对律师自身的保护。

二、工作记录的形式

工作记录可以根据律师的工作习惯采取不同的形式，比如，有的律师喜欢在手机上记录，有的律师喜欢在日记本上记录，还有律师则喜欢直接整理到电脑上。但无论采取何种方式，作者的建议是，及时整理成系统的电子文档或者直接打印存档，这样便于日后订卷使用。

工作记录在形式上一般包括以下方面：

①名称（工作记录）；②工作内容；③服务律师；④服务地点；⑤服务时间；⑥工作类别；⑦耗时；⑧背景资料；⑨主要内容摘要；⑩备注；⑪反馈。

示例：

表5-1　工作记录

工作内容		服务律师	
服务地点		服务时间	
工作类别		耗　时	
背景资料			
主要内容摘要			

续表

备注	
反馈	

第二节　律师谏言

一、律师谏言的作用

律师谏言是律师基于特定事项，向企业出具法律意见，提醒企业给予注意的一种文书。一般情况下，当某一个事项尚没有达到需要出具法律意见书的程度时，律师可以出具律师谏言，灵活、快速地提供法律建议。这种文书形式较一般的回复正式，又比法律意见书灵活。

二、律师谏言的形式

律师谏言是一种比较正式的建议，需要以书面的形式提供给顾问单位，以便引起顾问单位相关人员的注意和重视。

律师谏言在形式上一般包括：①文书名称，一般为：律师谏言+副标题的形式，副标题用于说明针对的具体事项；②文号（如有）；③顾问单位名称；④律师事务所名称；⑤律师署名；⑥正文；⑦日期；⑧简要的声明与保留；⑨附件，根据需要附上重要的法律依据和其他相关材料。

示例：

律 师 谏 言

——关于年底进行对账防范诉讼时效风险的谏言

致：青岛××公司

由：山东××（城阳）律师事务所

×××律师

山东××（城阳）律师事务所接受贵司的委托，指派本律师担任贵司的法律顾问，现就年底进行对账防范诉讼时效风险，向贵司谏言如下：

一、谏言背景

在律师接触的一些企业中，对于老客户，往往出于情面及以后业务发展的考虑，不好撕破脸要账，也不好采取诉讼方式。在这种情况下，律师建议您趁着年底到来之际，与客户进行及时对账，将贵司的债权予以确认。在年底进行对账，可以说有正当理由，一般不会引起客户的抵触情绪。

二、对账单的作用

1. 中断诉讼时效

这是对账单的最大作用，按照我国法律规定，债权人如果在两年之内不行使自己的权利，则诉讼时效就过了，法律不再给予保护，要靠当事人自己去催款。而对账单可以起到中断诉讼时效的作用，自双方对账之日，诉讼时效中断，债权保护期限自双方对账之日再往后推两年。

2. 及时核对双方账务，避免日后纠纷

对于一些有多年业务往来的客户，往往付款会有些乱，如果不及时清理，可能会导致双方对账目产生异议，导致不必要的纠纷,而及时对账,可以有效避免这种现象。

3. 减轻将来的举证责任

如果没有对账单,将来万一发生纠纷,则公司很可能需要将双方往来的所有业务都作盘点,费时费力,还极有可能出错。而对账单,则可以避免这些麻烦,届时只要我方拿出对账单,就不需要再费时费力地去盘点。

三、对账单范本

(见表5-2)

四、其他

对账单可根据贵司的习惯及使用加以适当修改,如果需要,请与律师联系。如贵司还有其他问题,也请及时与律师联系。

二〇××年×月×日

本法律意见仅供委托人参考,未经本律师许可不得向第三人出示,并不得作为任何证据使用。

对账单

_____公司:

感谢贵司对我司业务的支持!愿我们的合作更加愉快!

为了让贵我双方对双方往来业务及账目有个清楚的了解,现对近期以来双方业务及账目核对如下:

表5-2

编号 项目	合同签订时间	货物名称	总货款	已支付	未支付
1					

编号 项目	合同签订 时间	货物名称	总货款	已支付	未支付
2					
3					
4					
5					
合计					

以上是近期贵司向我司采购的货物及贵司的付款情况，请核对并签章确认。

感谢您的支持与配合！

青岛××公司

××××年××月××日

（1）以上内容无误，我司予以确认。　签章处

（2）以上内容有误，我司实际未付金额为××元。签章处

第三节　法律风险提示书

一、法律风险提示书的作用

法律风险提示书是律师在为企业服务过程中，就发现的某一潜在法律风险，向企业出具书面文件，提醒企业给予注意的

法律文书。法律风险提示书是针对企业现存的问题，由律师专门出具的针对性建议，这种提示无需长篇大论，简单实用即可。

二、法律风险提示书的形式

法律风险提示书在形式上一般包括：①文书名称，一般为：法律风险提示书+副标题的形式，副标题用于说明针对的具体事项；②文号（如有）；③顾问单位名称；④律师事务所名称；⑤律师署名；⑥正文；⑦日期；⑧简要的声明与保留；⑨附件，根据需要附上重要的法律依据和其他相关材料。

示例：

法津风险提示书

——关于合同相关事项的法津风险提示

致：青岛××公司

由：山东××律师事务所

×××　律师

山东××律师事务所接受贵单位的委托，指派我们担任贵单位的法律顾问，现针对如何规范单位合同和发票管理制度，向贵单位作以下提示。

一、规范合同签订和管理制度

单位在对外签订各种合同时，一定要从合同的主体、内容、意思表达和形式上综合考量。在签订合同前，最好让律师审查一下。律师提供好合同范本后，在签订时，还应注意：

（1）对方名字或名称是否统一。合同的前面一般要写上合同双方的名字或名称，合同的末尾要由双方签字或盖章。因而，单位在对外签订合同时，要注意审查对方前后两个名字或名称是否一致，盖的公章是否与单位名称一致。否则，合同的效力有可能产生问题，将来引起不必要的纠纷。

（2）合同的签订日期是否正确。合同的签订日期也是非常重要的，关系到合同何时成立、何时生效以及何时履行的问题，马虎不得。因而，单位在签订合同时应当对日期给予足够的重视。

（3）合同价款是否正确。在填写合同价款时，我们建议使用大写数字，不要使用阿拉伯数字，或者两者同时使用，但千万不要只使用阿拉伯数字。因为阿拉伯数字容易因小数点或0的问题，引起纠纷。特别是履行时间较长的合同，有可能会因为时间的流逝或者发生意外（比如被雨淋湿）而导致数字模糊。

（4）合同使用黑色签字笔，不要使用圆珠笔。因为圆珠笔的笔迹容易因为时间和受潮等因素变得模糊，日后引起不必要的纠纷。

（5）合同签订后，应当由专人保管。单位的合同应当安排专人负责，最好按年度编号，这样方便日后的查找和使用。有了专人管理，也便于明确责任。

二、开发票时注意事项

合同签订后，对方支付价款，我方要为对方开具发票。在开具发票时，应当注意和合同上对方的名字或名称统一。如果对方要求开具别的名字或名称的发票，应当让对方作出书面说明，我方留档备查，以免日后引起不必要的纠纷。特别是在没有书面合同时，这个问题尤其值得注意。

三、其他与合同相关的事项

在履行合同过程中，会涉及许多事项，中间会留下许多书面的材料。单位在书写这些书面材料时，应当充分注意名称和时间的问题，在书面材料上尽量使用对方的全称，不要使用简称。时间的填写也要做到明确无误，否则，可能会引起不必要的纠纷。另外，涉及需要对方确认的事项时，一定要让对方书面签字确认，不要在对方只作出口头承诺时，我方就履行相关义务。日后对方一旦不予确认，我方将遭受相应损失，有时损失是十分惨重的。

二×××年×月××日

本意见仅供委托人参考，未经本律师许可不得向第三人出示，并不得作为任何证据使用。

三、如何提高法律风险提示书的实用性

1. 法律风险提示书实用性不强的几个原因

（1）只注重理论分析，不注重实用效果。律师作为法律人之一，与非专业人士相比，具有深厚的法学理论知识，掌握了本专业独特的一套专业词汇，形成了本专业的独特思维和表达方式。律师在与其他法律人交流时，使用这些专业词汇丝毫没有问题，但是在与企业交流时，如果还使用这些专业词汇，就会带来交流上的困难。因为非专业人士不具有法学专业知识，无法理解法学专业词汇。法律风险提示书既不同于法学专业论文，也不同于律师提交给法官的代理词，后两者由于是法律人内部的交流，律师可以也应当尽量使用法学专业词汇，以简洁、明了、准确地说明问题。但是法律风险提示书，是律师出具给企业管理人员看的，目的就是要让他们看懂，明白相应的法律风险，律师如果还使用专业词汇，无疑不利于目的的实现。

一些律师，尤其是新律师，运用法律词汇表达问题得心应

手，可是却忽略了当事人的理解水平。体现在法律风险提示书上，就是理论性的分析太多，不注重实际分析，出具的法律风险提示书没有实用效果。当事人看了法律风险提示书后，仍然一头雾水，不知所云。

例如，律师就诉讼时效问题向企业出具法律风险提示书，在法律风险提示书中，律师大量使用诉讼时效、普通诉讼时效、短期诉讼时效、最长诉讼时效、诉讼时效中断、诉讼时效中止等概念，这些专业词汇的使用，对于简洁的表达问题，确实是必需的，用在法学论文中没有任何问题。然而，如果律师把这些专业词汇使用到法律风险提示书中，并不作解释说明或者解释不清楚的话，这份法律风险提示书无论写得多好，都是失败的，因为当事人无法看懂。

（2）律师对企业情况了解不够。现实中，有些律师在担任企业的法律顾问后，往往并没有深入地了解企业，只是在签顾问合同时，简单地同企业负责人了解了一下企业的情况。在合同签订以后，就很少到企业去，甚至出现了只在签合同和收费时才到企业去的现象。无疑，这会导致律师对企业缺乏了解，不知道企业的实际需求，在应企业的要求为企业出具法律风险提示书时，就没有实用性。

（3）律师缺乏企业工作经历。很多律师由于没有在企业工作的经历，所以对企业的管理和架构缺乏了解，这也是导致律师出具的法律风险提示书缺乏实用性的一个重要原因。由于律师缺乏在企业工作的经历，导致律师很难深入了解企业在运营过程中遇到的各种问题。很多问题往往理论上是一回事，而企业面临的实际问题却是另一回事，律师在出具法律风险提示书时，如果不了解企业的具体需求，就很难出具具有实用性的法律风险提示书。

　　律师缺乏在企业工作的经历，必然导致律师对企业的经营不熟悉。从事不同业务的企业，实际的需求也多种多样，如果没有在相关企业工作的经历，律师很难了解企业的需求。

　　（4）律师知识面过窄，缺乏团队合作。企业在运营过程中，涉及方方面面的知识，包括：法律知识、经济知识、企业管理知识、人力资源知识、税收知识、财务知识、证券知识等。这对律师的工作提出了很大的挑战，没有任何一个律师能够掌握以上所有知识。相对于企业这些方面的需要来说，任何一个律师的知识面都是狭窄的，利用团队的力量可以有效解决这一问题。然而现实中，律师之间的配合与合作却并不是十分理想，缺乏团队合作，这就导致了律师无法满足企业需求的问题。

　　企业的需求体现在方方面面，法律知识也包括方方面面，律师如果没有其他专业的知识，是很难了解企业在其他方面的需求的。这就需要具有不同专业背景和行业背景的律师互相配合，为企业提供全面的服务。

　　2. 提高法律风险提示书实用性的途径

　　在实务中，我们应当从以下方面来提高法律风险提示书的实用性：

　　（1）淡化理论分析，注重实例剖析。针对非专业人士缺乏法律知识，无法理解法学专业词汇的特点，律师在撰写法律风险提示书时，应当充分予以考虑。在法律风险提示书中尽量使用通俗的语言，在不得不使用法学专业词汇时，应当作出充分的解释说明。在解释问题时，也要尽量避开法学专业语汇，用通俗的语言来表达，最好配以实例剖析。

　　为了帮助当事人更好地理解法律风险提示书，律师应当多采用实例的形式来进行解释说明。例如，前面提到的针对诉讼时效的法律风险提示书，在解释诉讼时效届满的法律后果时，可以结合普通诉讼时效，以实例的形式向当事人进行解释。

首先，要给出诉讼时效的确切概念。诉讼时效，指民事权利受到侵害的权利人在法定的时效期间内不行使权利，当时效期间届满时，即丧失了请求人民法院依诉讼程序强制义务人履行义务权利的制度。这一概念比较专业，非专业人士很难理解，需要作一些解释。在法律规定的诉讼时效期间内，权利人提出请求的，人民法院就强制义务人履行所承担的义务。而在法定的诉讼时效期间届满之后，权利人行使请求权的，人民法院就不再予以保护。它包含两层意思，一是权利人在此时间内享有依诉讼程序请求人民法院予以保护的权利；二是这一权利在此时间内连续不行使即归于消灭。这么解释以后，很多当事人还是不会很明白，下面就要结合实例作进一步的解释。

根据《中华人民共和国民法总则》第188条的规定，向人民法院请求保护民事权利的诉讼时效期间为3年，法律另有规定的除外。本条是关于普通诉讼时效的规定，意思是说，如果我单位的民事权利在3年内不行使，那么，就无法再得到法律的强制保护，相关民事权利只能靠自己去行使。例如：某人欠我们单位5万元，约定归还欠款的时间为2008年1月1日。如果自2008年1月1日起3年内我们不行使自己的权利，即不向对方要债，那么到了2011年1月1日，我们的这5万元债权就无法再获得法律的强制保护，向法院起诉的话，法院会驳回我们的诉讼请求，法院将不再强制债务人（欠款人）还款。此债权（这笔欠款）只能靠我单位自行去主张，欠款只能靠我们自己去催讨。

这样一来，当事人就理解了诉讼时效届满的法律后果，也掌握了普通诉讼时效的期间。在解释其他问题时，同样也可以采取类似的方法。

（2）深入了解企业。律师在担任企业的法律顾问后，应当深入了解企业，这样才能出具有实用性的法律风险提示书，满足企业的实际需求。同时，深入了解企业以后，也可以弥补律师缺乏企业工作经历的缺陷。具体来说，律师可以通过以下方式深入了解企业：

首先，与企业负责人深入交流。企业负责人掌握着企业事务的决策权，主导着企业的发展方向，也决定着是否聘请律师担任企业的法律顾问。因而，律师应当和企业负责人进行深入的交流，了解企业负责人的发展思路和企业的发展规划，为企业提供及时的法律服务。律师了解了企业的发展规划以后，可以提前准备相关的知识，在企业需要相关法律服务时，不会出现无法满足企业需求的情况。

同时，与企业负责人深入交流，可以加强律师与企业负责人的相互理解，使两者之间的合作更加默契；企业的需求可以及时、准确地反馈给律师，律师也可以随时掌握企业的动向，了解企业可能会遇到的法律风险，及时向企业出具法律风险提示书。

其次，与企业建立定期交流制度。仅仅靠一两次与企业负责人的交流是不能深入了解企业的，为了更深入地了解企业，律师还应当与企业建立定期交流制度。这种定期交流制度可以采用多种形式，比如，定期到企业拜访，与企业的管理人员交流；定期向企业发放法律事务征询函，征求企业的意见。

这里要着重强调一下定期到企业拜访。律师在担任企业法律顾问以后，定期到企业拜访，可以给企业留下良好的印象，让企业感到律师时时在为企业的利益考虑，刻刻在为企业服务。避免出现律师在签了顾问合同以后，就对企业不管不问，以致于律师辛辛苦苦争取到的顾问单位，在第一次合同到期以后就流失。定期到企业拜访，也可以增加律师对企业的了解，有助于弥补律师缺乏企业工作经历的缺陷。

定期交流制度有利于律师加深对企业的了解，与企业一同成长，及时了解企业的需求，为企业提供实用的法律服务。同时，律师与企业的工作人员熟悉以后，也有利于工作的开展。这样，律师在出具法律风险提示书时，就会大大提高实用性。

最后，为企业建立详细、系统的档案。律师在担任一个企业的法律顾问后，应当为该企业建立详细、系统的档案，将企业的基本情况如营业执照、企业基本情况说明等系统归档。这样，律师就会对企业形成一个基本的了解。在以后的工作中，律师应当将企业的重大决策、重要案例、重大事件全部整理归入档案，这些档案在日后的工作中不断得到完善，律师对企业的了解也就一步步深入。

律师为企业建立了详细、系统的档案以后，对企业的发展历程就会有一个清晰的了解，在企业遇到法律问题时，可以及时了解事情的来龙去脉，有利于律师为企业提供优质的法律服务。

（3）拓宽知识面，加强团队合作。上面已经提到，企业在运营过程中，需要方方面面的知识，任何一个律师都无法掌握全部的知识，但这并不意味着律师不应该积极地去拓宽自己的知识面。为了给企业提供尽可能全面的服务，律师在业有所精的同时，应当努力去拓宽自己的知识面。这也是没有企业工作经历的律师弥补劣势的一个重要途径。通过学习，律师完全可以掌握一定的企业管理知识、经济知识等，尽量与企业负责人有共同语言进行交流，让企业负责人感到律师不是只懂法律知识，对企业的经营管理也有一定的了解，能够与企业负责人站在同一个平台上考虑问题。这样，律师就提高了自己的服务能力，容易得到企业的认可。

但是，个人再怎么努力，精力也是有限的，单个律师无法满足企业的全部需求，另一个弥补单个律师知识面过窄的方式是加强团队合作。团队合作可以大大提高律师事务所为企业提供服务的能力，充分发挥律师事务所的资源。单个律师加入到团队中，可以与其他律师取长补短，共同为企业提供服务，满足企业的需求，从而也就可以与企业建立长期的合作关系。同时，团队合作也可以让律师在同时面临几个顾问单位的问题时，不至于无法同时为几个顾问单位服务，有了团队做后盾，律师就可以游刃有余了。

提高法律风险提示书实用性的途径并不仅仅局限于以上方式，本书只是就笔者个人的体会，作了一些初步的探讨。律师在工作中可以充分发挥主观能动性，不断提高法律风险提示书的实用性，更好地为企业服务。

律师为企业提供了实用性的法律风险提示书，让企业确确实实认识到法律风险，当公司领导人开始在商业会议中讨论法律问题并希望减少公司在经营中面临的风险时，律师就取得了成功。

第四节　法律信息

一、法律信息的作用

法律信息是律师就新近出台的法律法规，向企业提供解读，让企业了解相关法律法规的文件。它可以体现律师主动提供服务的精神，让企业感受到律师的陪伴。现实中，很多律师在签订法律顾问合同以后，如果企业不主动联系律师，律师往往不知道该为企业提供何种服务，而主动为企业提供法律信息，就是一种很好的形式，可以有效避免律师与企业之间的生疏，帮助律师留住顾问单位。

法律信息在提供时，应当注意时效性，尽量在新的法律法规出台后，迅速提供法律信息，这一方面能体现律师的专业，另一方面也能让顾问单位感受到律师时刻在为企业服务。通过提供法律信息，可以顺便征求顾问单位的意见，询问是否需要律师上门培训。

二、法律信息的形式

法律信息在形式上一般包括以下方面：

①文书名称，一般为法律信息+副标题的形式，副标题用于说明针对的具体事项；②文号（如有）；③顾问单位名称；④律师事务所名称；⑤律师署名；⑥正文；⑦日期；⑧简要的声明与保留；⑨附件，根据需要附上重要的法律依据和其他相关材料。

示例：

法 律 信 息

——新税法及实施条例解读

致：青岛××公司

由：山东××律师事务所

×××律师

《中华人民共和国企业所得税法》（以下简称"新法"）于2007年3月16日颁布，并于2008年1月1日起施行，原《中华人民共和国外商投资企业和外国企业所得税法》（以下简称《外企法》）和《中华人民共和国企业所得税暂行条例》（以下简称《条例》，二者简称"原法"）随之失效。新法分"总则、应纳税所得额、应纳税额、税收优惠、源泉扣缴、特别纳税调整、征收管理、附则"共8章60条，比较原两个企业所得税法，政策发生了巨大变化。国务院最近也公布了《中华人民共和国企业所得税法实施条例》（以下简称新《条例》），与新税法一起实施。现特针对新法及新条例向贵单位作以下提示：

一、两法合并，新旧税法的税种要素内容变化大

合并统一后的新法与原法税种要素差异很大。主要表现有：

（1）纳税人的差异。原法所称的纳税人是指中国境内独立经济核算有生产、经营所得和其他所得的企业或者组织；新法则为中国境内的企业和其他取得收入的组织，按照国际惯例，以居民企业和非居民企业划分。居民企业就其来源于中国境内、境外的所得缴税，非居民企业就其来源于中国境内的所得，以及发生在中国境外且有实际联系的所得缴税，同时说明本法不适用于个人独资企业、合伙企业。根据新税法规定，居民企业，是指依法在中国境内成立，或者依照外国（地区）法律成立但实际管理机构在中国境内的企业。按照新《条例》的规定，在中国境内成立的企业，包括依照中国法律、行政法规在中国境内成立的企业、事业单位、社会团体以及其他取得收入的组织。非居民企业，是指依照外国（地区）法律成立且实际管理机构不在中国境内，但在中国境内设立机构、场所的，或者在中国境内未设立机构、场所，但有来源于中国境内所得的企业。因而，根据法律的规定，我单位属于居民企业，应当按照新税法关于居民企业的规定纳税。

（2）收入总额的差异。原《外企法》没有对收入总额进行表述，原《条例》也只有7项，新法则增为9项，其中将"生产、经营收入一项"分为"销售货物收入、提供劳务收入"两项，另新增一项"接受捐赠收入"；新法将收入总额划分了征税收入、不征税收入、免税收入三类，原法就没有这样的划分，且新法对不征税收入、免税收入在第 7 条和第 26 条作了详细的列举。根据新税法规定，收入总额中的下列收入为不征税收入：财政拨款；依法收取并纳入财政管理的行政事业性收费、政府性基金；国务院规定的其他不征税收入。企业的下列收入为免税收入：国债利息收入；符合条件的居民企业之间的股息、红利等权益性投资收益；在中国境内设立机构、场所的非居民企业从居民企业取得与该机构、场所有实际联系的股息、红利等权益性投资收益；符合条件的非营利组织的收入。

（3）应纳税所得额的计算差异。应纳税所得额计算，原《条例》是收入总额减去准予扣除项目后的余额；原《外企法》是收入总额减除成本、费用以及损失后的余额；新法第 5 条规定为收入总额减不征税收入、免税收入、各项扣除以及允许弥补的以前年度亏损后的余额。根据新法的规定，不征税收入包括：财政拨款；依法收取并纳入财政管理的行政事业性收费、政府性基金；国务院规定的其他不征税收入。免税收入包括：国债利息收入；符合条件的居民企业之间的股息、红利等权益性投资收益；在中国境内设立机构、场所的非居民企业从居民企业取得与该机构、场所有实际联系的股息、红利等权益性投资收益；符合条件的非营利组织的收入；各扣除项分别规定在新法第 8 条、第 9 条、第 11 条、第 12 条、第 13 条、第 15 条、第 16 条，在第 10 条、第 14 条又专门规定了不得扣除的项目；在第 18 条中规定，企业纳税年度发生的亏损，准予向以后年度结转，用以后年度的所得弥补，但结转年限最长不得超过 5 年。

（4）法定税率的差异。原《条例》的税率为33%；原《外企法》的税率是30%加地方所得税率为3%；新法第 4 条规定的税率居民企业为25%，非居民企业为20%。

（5）扣除项目的差异。对于准予扣除项目，原《条例》是指与取得收入有关的成本、费用和损失，并列举了利息、工资、福利费、公益和救济性的捐赠等准予扣除的范围和标准；原《外企法》则很少列举；新法则指实际发生的与取得收入有关的、合理的支出，包括成本、费用、税金、损失和其他支出，并列举了公益性捐赠、固定资产折旧、无形资产摊销、长期待摊费用、转让资产净值、纳税年度亏损等有条件扣除项目。对于不准予扣除项目，原《外企法》也很少列举；原《条例》第7条列举了8项，新法第10条同样也列举了8项，但内容有较大不同，新法新增了"企业所得税税款、未经核定的准备金支出"等，将原《条例》第7条列举"资本性支出、无形资产受让和开发支出"另行单独列出。

（6）税收优惠的差异。税收优惠的差异主要表现为统一、扩大、替代、过渡。统一，实现了各类企业税收优惠一视同仁，取消了部分特殊优惠，新法第4条规定的税率居民企业为25%，非居民企业为20%；扩大，对国家鼓励和重点扶持的项目扩大了税收优惠，如环境保护、节能节水、技术发展项目等，具体规定在新法第27条到第35条，在新条例第86条到第100条对具体的优惠办法作了详细规定；替代，采用新的优惠政策替代原来的优惠政策；过渡，是指对新法取消或降低的原有优惠政策，给予一定的过渡期。

（7）源泉扣缴的差异。源泉扣缴只有原法《外企法》明确了企业所得税以支付人为扣缴义务人，税款由支付人在每次支付的款额中扣缴；新法则单列了第5章第37至40条，严格了源泉扣缴的内容、范围和规程。

（8）纳税调整的差异。差异之一，新法将反避税界定为"特别纳税调整"，单列了第6章第41至48条，借鉴国外反避税立法经验，结合我国税收征管工作实践，根据"独立交易原则"，完善了现行转让定价和预约定价法律；另一差异，新法更为人性化。如"第41条税务机关有权按照合理方法调整"，而不是原法的"有权进行合理调整"，尤其是第42条"企业可以向税务机关提出与其关联方之间业务往来的定价原则和计算方法，税务机关与企业协商、确认后，达成预约定价安排。"

（9）税收征管规定的差异。原《外企法》的税收征管是单独规定的，只有《条例》执行税收征管法的规定，如今统一按税收征管法的规定执行，同时将企业所得税年度终了后的汇算清缴期了统一规定，《条例》规定的4个月，《外企法》规定的5个月内，新法统一为5个月。另外，新法第52条规定，除国务院另有规定外，企业之间不得合并缴纳企业所得税。

二、调整优化，新旧税法的税收优惠政策变化大

新法根据国民经济和社会发展的需要，借鉴国际成功经验，按照"简税制、宽税基、低税率、严征管"的要求，对原税收优惠政策进行了重大调整完善。

（一）扩大了税收优惠范围

（1）扩大了高新技术企业和小型微利企业的税收优惠。为支持和引导小型企业的发展，促进高新技术企业技术创新和科技进步，新法第28条规定，符合条件的小型微利企业，减按20%的税率征收企业所得税；国家需要重点扶持的高新技术企业，减按15%的税率征收企业所得税。对高新技术企业的税率优惠在全国普遍适用，不再作地域限制。

（2）扩大了环保、节能节水、安全生产等的税收优惠。为贯彻国家可持续发展战略，突出产业政策导向，加快我国节约型社会的建设。新法第27条规定，企业从事符合条件的环境保护、节能节水项目的所得，可以免征、减征企业所得税。第34

条规定，企业购置用于环境保护、节能节水、安全生产等专用设备的投资额，可以按一定比例实行税额抵免。

（3）扩大调整了社会公益捐赠的税收优惠。为了支持和鼓励社会公益事业发展，堵塞税收漏洞，新法9条规定，企业发生的公益性捐赠支出，在年度利润总额12%以内的部分，准予在计算应纳税所得额时扣除。将以前的扣除比例3%提高至12%，实现了内外资企业扣除比例的统一。

（4）扩大了税前扣除的税收优惠。一是取消内资企业的计税工资制度，对企业真实合理的工资支出实行据实扣除。新法第8条规定，企业实际发生的合理的工资支出准予在计算应纳税所得额时扣除，统一了内外资企业的工资扣除政策。二是固定资产可以缩短折旧年限或者采取加速折旧。为了促进技术进步，支持企业发展，新法第32条规定，企业的固定资产由于技术进步等原因，确需加速折旧的，可以缩短折旧年限或者采取加速折旧的方法。

（二）调整了部分税收优惠政策

新法在保留了对国家重点扶持的基础设施投资、农林牧渔业、技术转让所得等税收优惠政策的同时，采取了政策替代的措施调整了部分税收优惠政策。

（1）用加计费用扣除的措施替代。新法第30条第1款规定，企业开发新技术、新产品、新工艺发生的研究开发费用，可以在计算应纳税所得额时加计扣除。用加计费用扣除的政策替代了原来的相关税收优惠政策。

（2）用加计工资扣除的措施替代。新法第30条第2款规定，企业安置残疾人员和国家鼓励安置的其他人员就业所支付的工资支出，可以在计算应纳税所得额时加计扣除。用工资加计扣除政策替代了原有的福利企业、劳动服务企业的税收优惠政策。

（3）用减计收入的措施替代。新法第33条规定，企业综合利用资源，生产符合国家产业政策规定的产品所取得的收入，可以在计算应纳税所得额时减计收入。对符合资源综合利用的采取减计经营收入的政策替代了原来的资源综合利用税收优惠政策。

（三）实行税收优惠政策的缓冲过渡

为缓解新法出台对部分老企业增加税负，造成持续经营的不良影响，新法第57条规定给予过渡性照顾。

（1）5年内逐步过渡照顾。对于新法公布前设立的企业，依法享受低税率优惠的，按规定可以在新法施行后5年内逐步过渡。如原享受15%和24%等低税率优惠的企业，在新税法实施后的5年内可继续享受低税率过渡照顾。

（2）定期优惠过渡照顾。对于享受定期减免税优惠的，按规定可以在新法施行后继续享受到期满为止，对因未获利而尚未享受优惠的，优惠期限从本法施行年度起计算。

（3）特定地区优惠过渡照顾。对法律设置的发展对外经济合作和技术交流的特定地区内，以及国务院已规定执行上述地区特殊政策的，可以由国务院规定享受过渡性优惠。如国家对5个经济特区和上海浦东新区内，新设立的国家需要重点扶持的高新技术企业实行"两免三减半"过渡性优惠，西部大开发地区鼓励类企业的所得税优惠政策等，具体办法由国务院规定。

（4）其他鼓励类优惠过渡照顾。对国家已确定的其他鼓励类企业，可以继续按照国务院的规定享受减免税优惠。

二〇〇八年一月三日

本法律意见仅供委托人参考，未经本律师许可不得向第三人出示，并不得作为任何证据使用。

第五节　工作报告

一、工作报告的作用

工作报告是律师在完成一项工作后，向企业出具书面报告，汇报工作过程和工作成果的文件，律师可以在报告中征求企业的意见，要求企业对律师的建议方案给予回复。

二、工作报告的形式

工作报告在形式上一般包括如下项目：①名称；②文号（如有）；③顾问单位名称；④正文；⑤律师事务所名称；⑥律师署名；⑦日期；⑧简要的声明与保留；⑨附件，根据需要附上重要的法律依据和其他相关材料。

示例：

工作报告

致：青岛××学校

本所受青岛××学校委托，作为委托人的法律顾问，在完成贵校委托的尽职调查工作后，我所又为贵校提供了租赁合同签订服务及其他法律咨询服务，现将相关工作报告如下：

一、与××报关学校签订租赁合同中的工作

1. 合同文本的准备

2012 年 8 月 13 日，根据贵校的要求，律师开始准备房屋租赁合同的文本。

2. 现场勘查

2012 年 8 月 21 日，我所律师×××与贵校领导和工作人员一起到现场查看，实地了解贵校的要求，并将贵校与报关学校在现场的沟通情况记录在案。

现场查看过程中，主要是就双方关心的房屋数量及确认问题、操场使用问题及其他场地使用问题作了充分沟通，并就双方关心的其他问题作了协商。

3. 合同文本的修订

根据贵校的要求和现场查看的情况，我所为贵校修改了房屋租赁合同样本。

4. 谈判

2012 年 8 月 28 日，我所律师×××和×××与贵校领导及工作人员一起参与了与报关学校就合同内容的谈判，谈判从下午持续至晚上约 8 点。双方对合同内容逐条进行了讨论，充分交换了意见。

谈判的内容主要围绕租赁标的物的范围、租金的支付、违约责任、租赁标的物交付时和归还时的状态进行。

5. 合同文本的进一步修订

根据双方谈判的结果，我所律师对合同文本进行了进一步修订，将双方确定的内容写进了合同。

6. 签约仪式

2012 年 8 月 30 日，我所律师×××参与了贵校与报关学校的签约仪式，现场核对了相关证件和材料，为合同的签订提供了全程服务。

以上就是我所对贵校房屋租赁合同过程的汇报。

二、与××报关学校签订租赁合同的法律风险提示

根据中国现行法律，贵校与××报关学校签订的《房屋、场地租赁合同》合法有效。根据贵校与××报关学校签订的租赁合同，律师在此提醒贵校在履行过程中注意以下问题：

1. 合同续签问题

根据合同第 2 条的约定，贵校应在第一阶段期满前 6 个月，即 2018 年 2 月 1 日前与对方续签合同。

2. 租金支付时间

请贵校注意按照合同第 4 条约定的时间支付租金，以免因延迟支付租金被对方追究违约责任。

3. 房屋转租问题

根据合同第 6 条约定，未经对方同意，贵校不得转租、转借房屋，否则依据合同第 8 条的规定，对方有权解除合同。

4. 按时支付有关费用

依据合同第 11 条规定，如贵校逾期支付上述费用，将会承担每日 1% 的违约金。

5. 接收房屋时的注意事项

对方向贵校交付房屋时，应当对房屋及附属设施仔细检查，如有问题，书面提出，并让对方负责人签字或盖章确认。对于对方交付给贵校使用的设施，如对方提供清单，应当仔细核对后再确认。

6. 其他事项

如果在履行合同中与对方产生争执，应当以合同为依据解决，请贵校在此过程中给予充分注意，不要违反合同约定。

三、与银×学校终止租赁合同的注意事项

1. 合同终止时间

根据贵校与银×学校签订的房屋租赁合同及补充协议，贵校应于 2013 年 7 月 15 日将租赁房屋交还银×学校，请贵校注意交还时间。

2. 关于 5 万元保证金

根据补充协议第 2 条的规定，贵校在签订租赁合同时向银×学校支付了 5 万元保证金，请贵校找出收据，以便在合同终止后向对方索还保证金。

3. 尽快通知银×学校贵校不再续租

尽管贵校与银×学校签订的合同中，没有约定双方就是否续租何时通知对方，但从顺利终止合同的角度考虑，建议贵校尽早通知银×学校，以便银×学校提前做好准备，方便双方办理交接。

4. 其他注意事项

（1）提前与对方做好沟通工作，让对方提前有个准备。（2）与对方提前进行交接沟通工作，包括设施清点、房屋检查及保证金退还等事宜的协商，如有必要，对校舍现状进行拍照留证。（3）对贵校租赁期间投入的装修、装饰物的归属、补偿问题进行协商。（4）提前与对方沟通撤离时需要对方配合的工作。（5）相关费用（水费、电费等）的结算。（6）学校财物及档案的清点打包工作。（7）老师及学生、家长的提前宣传解释工作。（8）搬家公司的提前预订。（9）其他未决事项及合同中未约定事项的协商工作。

（此页以下无正文）

> 山东××（城阳）律师事务所
> ×××律师
> 2012 年 10 月 10 日

本法律意见仅供委托人参考，未经本律师许可不得向第三人出示，并不得作为任何证据使用。

第六节 法律意见书

一、法律意见书的作用

法律意见书是律师就某一专项法律事务或专门问题，向企业出具系统的法律意见的文件，它一般较为正式，内容较为复杂。但此处的法律意见书与重大非诉专项业务的法律意见书不同，相对来说，一般是针对顾问单位在日常经营中碰到的一些事项，而像 IPO 类的法律意见书，往往内容复杂，尽职调查要求较高，需要专门签订委托代理合同，律师收费一般也较高。此处的法律意见书主要是指律师在日常顾问服务中出具的法律意见。

二、法律意见书的形式

法律意见书在形式上一般包括如下项目：

①名称；②文号（如有）；③顾问单位名称；④正文；⑤律师事务所名称；⑥律师署名；⑦日期；⑧简要的声明与保留；⑨附件，根据需要附上重要的法律依据和其他相关材料。

示例：

山东××律师事务所

关于李××咨询合作事项之法律意见书

致：李××先生

一、基本事实

甲公司为一家药品生产企业，现有一种药品准备不再自己生产，欲将产品转让或委托其他公司生产，甲公司两名高管 B

和 C 欲与李××及 A 合作，共同出资设立乙公司，受让甲公司的此项药品或与甲公司签订协议，从事此项药品的生产。无论采取哪种合作方式，乙公司都想利用甲公司现有的生产设备，视情况加以改进，以满足生产需求。同时，乙公司成立后，将视发展需要决定是否增加注册资本。乙公司增加注册资本时，B 和 C 需要向李××和 A 借款。另外，B 和 C 将采取委托他人持股的方式，作为乙公司的隐名股东。乙公司与甲公司合作以后，药品的宣传和销售将由乙公司负责。

二、法律分析

关于乙公司和甲公司的合作协议

1. 产品转让方式

如果这种模式可以操作，建议通过此种方式，因为一旦药品转让给乙公司，则乙公司即取得了此项药品的生产、销售等所有权利。这种模式要注意的是，乙公司应当具备此种药品的生产、销售资质。对于甲公司现有的生产设备，可以采取购买或租赁的方式，具体可根据实际需要以及监管部门的要求决定。

2. 合作方式

在此种方式下，应当与甲公司签订尽量详细的合作协议，明确药品的生产、销售及利润分配，设备的使用问题，员工劳动关系的处理，同时还要考虑财务问题。

两种方式之下，都要核实一个问题，即 B 和 C 作为甲公司高管，是否受到公司章程和劳动合同的限制。需要查阅甲公司章程和劳动合同是否有禁止公司高管从事竞争业务的规定。进一步，即使甲公司章程没有限制性规定，也要考虑甲公司其他股东以此项合作损害公司、其他股东利益为由，主张撤销甲公司与乙公司的协议。

三、律师建议

1. 尽量采用产品转让的方式

这种交易方式，如果甲公司未来股东发生变化，新股东在受让股权时就会提前知道这项交易，新股东不会对此项交易提出异议。

2. 合作方式要注意的问题

（1）审查甲公司此项药品的批文是否有效，生产设备是否存在问题。

（2）确定 B 和 C 是否受到公司章程或劳动合同的限制，如果受到限制，则尽量让公司出具同意其作为乙方股东的证明，否则，一旦公司或公司股东了解到 B 和 C 系乙公司的实际出资人，则此交易有可能会被撤销。当然，在实际操作中，这个证明很可能无法获得，因此，这项风险仅靠这种方式很难规避掉。

（3）合作协议要对合作的方式、内容作出明确约定，协议内容应当涉及合作的方式（承包、租赁还是只代理产品）、利润的分配、费用的承担、现有员工的安置等。

（4）如果乙公司日后增资，应当对各股东增资的比例作出约定，如果没有约定，则各股东享有按照原出资比例增资的权利。如果涉及借款，还应当签订正式的借款合同，对利息、管辖法院等作出约定，当然，最好能让借款人提供一定的财产担保，比如房产。如果借款人没有实物财产作抵押，可以考虑保证担保或将借款人在乙公司持有的股份质押。

四、总结

无论哪种方式，想避免乙公司和甲公司的协议日后被撤销或确认无效，应当避免让 B 和 C 参与对甲公司与乙公司的此项合作的决策中。否则，一旦甲公司或其他股东知道 B 和 C 系乙公司的隐名股东，此项合作又有损于甲公司利益的话，甲公司或其他股东都有可能主张撤销甲公司与乙公司的协议。

山东××（城阳）律师事务所

律师：××× ×××

2013 年 3 月 18 日

本法律意见仅供委托人参考，未经本律师许可不得向第三人出示，并不得作为任何证据使用。

第七节　工作请示

一、工作请示的作用

工作请示是律师就某一专项事务征求企业意见，获得企业正式指示的文件。一般情况下，律师在工作进行到一定程度，需要企业作决定的时候，可用工作请示的形式向企业征求意见。工作请求的作用主要是让企业给出明确的批示，以便律师开展下一步工作，避免因为沟通误会造成工作的失误，这也是律师规避执业风险的一种方式。

二、工作请示的形式

工作请示在形式上一般包括如下项目：①名称；②文号（如有）；③顾问单位名称；④正文；⑤律师事务所名称；⑥律师署名；⑦日期；⑧附件，根据需要附上重要的法律依据和其他相关材料。

示例：

工 作 请 示

青岛××公司：

我所接受贵司的委托，办理贵司与崔××劳动争议纠纷一案提起劳动仲裁程序。现该案仲裁阶段已审理完毕，裁决结果已出，我所于 2014 年 12 月 14 日签收，并将仲裁结果告知贵司。现就裁决结果向贵司分析如下：

一、崔××在仲裁阶段的主张

（1）请求支付一次性伤残补助金 7281 元、一次性工伤医疗补助金 24 899 元、一次性伤残就业补助金 42 684 元；（2）请求支付经济补偿金 77 389.61 元；（3）请求返还 2013 年 11 月~12 月期间扣发的工资 1600 元；（4）请求支付 2014 年 2 月~5 月工资 17 752 元；（5）支付平时加班费 15 228 元；（6）支付休息日加班费 13 736.8 元。

二、裁决书支持的崔××的主张

（1）支持向崔××支付一次性就业补助金 42 684 元；（2）支持向崔××支付解除劳动合同经济补偿 75 113.5 元；（3）支持向崔××支付扣发的 2013 年 11 月、12 月工资 1600 元；（4）支持向崔××支付 2014 年 2 月至 5 月工资 17 752 元。

三、对裁决书支持的内容的法律分析

1. 关于向崔××支付一次性伤残就业补助金 42 684 元

崔××在贵司处工作过程中受工伤，且被评为工伤伤残九级，是双方均认可的事实，贵司为崔××投了工伤保险。按照法律规定，工伤职工被鉴定为九级伤残的，劳动合同期满终止，或者职工本人提出解除劳动合同，以其解除或终止劳动合同时统筹地区上年度职工月平均工资为基数，由用人单位支付职工一次性伤残就业补助金。九级伤残一次性伤残就业补助金的具体标准：12 个月的青岛市 2013 年度在岗职工月平均工资，即 12 个月×3557 元＝42 684 元。因此，仲裁支持向崔××支付一次性伤残就业补助金 42 684 元，有事实和法律依据。

2. 关于向崔××支付解除劳动合同经济补偿 75 113.5 元

仲裁裁决贵司向崔××支付经济补偿与仲裁认定的下列事项有关：

（1）调整工作岗位是否合法。崔××不同意调岗，而贵司以崔××工作不力，造成产品质量下降、数量不足，而为崔××调整工作岗位。按照法律规定，贵司应对自己的主张负有举证责任。贵司提交的证据，仲裁不认可。

（2）工作年限的问题。贵司从自身的成立时间主张崔××2003 年 3 月入职，但崔××提交的社会保险缴费记录显示 2000 年 7 月青岛交河技工塑料有限公司即为崔××交纳了社会保险。按照法律规定，用人单位对职工的入职时间负举证责任。仲裁认为贵司对为何从 2000 年 7 月即为崔××交社会保险没有作合理的解释，而提交的证据也不能证明崔××的入职时间为 2003 年 3 月份，故贵司应承担举证不能的法律后果。据此，仲裁若认定贵司与崔××自 2000 年 7 月建立劳动关系，有一定的事实依据。但是仲裁以崔××提供的有瑕疵的证据和主张及贵司对崔××的入职时间负举证不能的法律后果，而认定崔××在贵司的工作年限从 1998 年 3 月起，与事实和法律有一定的差距。

综上，若贵司调整工作岗位不合法，按照法律规定，崔××即应享受原工资待遇，而贵司未按照原工资待遇给崔××发工资，应向崔××支付经济补偿金，经济补偿金的计算与崔××的工作年限相关，从 1998 年计算至今。

3. 支持向崔××支付扣发的 2013 年 11 月、12 月工资 1600 元

2013 年 11 月、12 月前的实发工资与 11 月、12 月实发工资相比较少了 1600 元，按照法律规定，应由用人单位举证为何减少了劳动报酬。而贵司未提交证据证明为何减少，应承担举证不能的法律后果。仲裁据此认定贵司未足额支付工资，按照法律规定也是支付经济补偿金的依据。

4. 支持向崔××支付 2014 年 2 月至 5 月工资 17 752 元

仲裁没有采纳贵司提交的录音证据，认为贵司调整工作岗位没经过崔××的同意而崔××仍然上班，贵司即应让崔××享受原工资待遇。仲裁据此认定贵司应向崔××支付 2014 年 2 月至 5 月工资 17 752 元，按照法律规定也是支付经济补偿金的依据。

四、律师建议

综上，仲裁裁决的第 1 项（一次性伤残就业补助金 42 684 元）和第 3 项（扣发的工资 1600 元）是有明确法律依据的，很难改变。

第 2 项（经济补偿金 75 113.5 元）的关键是我方的录音证据在裁决书中未予体现，如果录音证据能够被法院采纳，那么此项裁决有可能被推翻。但贵司仍然存在无法举证证明给崔××合法调岗的问题，以及存在拖欠 1600 元工资的问题，法院可能仍以此理由支持经济补偿金，但数额上，律师认为可以适当争取，主张从 2000 年（理想情况是从 2003 年）开始计算。

第 4 项也取决于录音能否被认可，存在一定争取的空间。

在目前的法律框架下，法院在实务中仍然倾向于保护劳动者利益。因此，仲裁裁决能否改变，律师无法承诺，请贵司考虑诉讼的风险，决定是否起诉。如起诉，请在 2014 年 12 月 29 日前到莱西市人民法院立案。

五、工作请示

本案是否要到法院诉讼，请贵司给律师明确指示。

山东××（城阳）律师事务所

×××律师

×年×月×日

第八节 法律事务征询函

一、法律事务征询函的作用

法律事务征询函一般用于法律事务较少的企业，当企业在一段时间内没有法律事务时，律师要主动提供法律服务。以作者本人的经验来说，企业在一段时间内不联系律师，一方面可能确实是因为企业没有法律事务，另一方面也有可能是企业人员变动或相关人员没有认识到需要律师参与。这个时候，律师主动联系企业，可以让企业感受到被关注，同时，也让律师保持与企业的良好互动，有利于顾问单位的维护。

二、法律事务征询函的形式

在形式上一般包括如下项目：（1）名称；（2）文号（如有）；（3）顾问单位名称；（4）正文（一般以列表的形式展现，由顾问单位直接填入法律事项）；（5）律师事务所名称；（6）律师署名；（7）日期。

示例：

法律事务证询函

××公司：

　　承蒙贵公司的信任，选择我所担任常年法律顾问，我们愿为贵公司提供超值化、精细化的法律服务。如果贵公司有需要我们处理的法律事务，请及时告知我们。

表 5-3

序号	需要办理事项	办理时间要求	备注

　　感谢贵单位对××律师事务所的信任与支持！期待您的回复。

山东××（城阳）律师事务所

×××律师

×年×月×日

第六章
法律顾问工作的质量标准和规则

第一节　法律顾问工作质量标准

　　团队合作是必需的，具有无可比拟的优势，但也面临一定的问题，比如团队成员之间的协调，如何为企业提供同等水平的法律服务。这个问题的解决，有赖于建立标准化、规范化、流程化的服务模式。一个服务团队必须建立自己的工作制度并切实贯彻执行，以保证法律顾问工作的质量。

　　有了这种工作模式，律师的工作理念是一致的，工作方法是统一的，服务质量才会有保证。为了实现这种服务模式，团队就要制定服务的质量标准。质量标准至少要包括以下内容：

　　一是法律文书格式统一，最好制作统一标志，让企业看到后，马上就知道是我所律师出具的文书。格式的统一还应当做到法律文书的字号、行间距、开头、结尾、样式的统一，只有这样严格要求，才能真正做到统一。

　　二是服务方式的统一，比如，哪些事务是电话提供服务，哪些事务是要上门提供服务，哪些事务要出具专门的工作报告，哪些事务要与企业负责人沟通，哪些事务要向主办律师汇报。服务模式的统一，有利于企业对律师工作形成预期，不会提出过分的要求。

三是服务内容的要求统一。这些标准应当包括法律文书的质量、工作记录的完整，具体参见示例《企业法律顾问工作服务质量标准》。

示例：

山东××（城阳）律师事务所
企业法律顾问工作服务质量标准

为了更好地为顾问单位服务，提高法律顾问工作的服务质量，打造我所的良好品牌形象，根据我国《律师法》《律师法律顾问工作规则》，结合本所实际情况，制定本标准。

第一，本所律师在担任企业法律顾问时，必须诚实守信，努力工作，不断提高服务质量，为顾问单位提供优质高效的服务。

第二，本所律师在担任单位法律顾问后，对顾问单位进行全方面的了解，并将下列情况调查清楚，记录在卷：

（1）企业名称、法定代表人姓名；机构设置和人员建制；企业性质、经营方式和范围；企业的隶属关系；企业的注册资料、固定资产、流动资金、核算形式、产销能力、经济效益、服务对象和竞争对手。

（2）企业的发展规划以及规划中要解决的问题。

（3）企业规章制度的完备程度。

（4）企业对律师的要求。

第三，对担任法律顾问前顾问单位债权债务情况和合同履行情况全部理顺清楚，对已产生的法律纠纷提供法律指导，按照顾问单位的要求在规定的时间内提供解决方案，做到：

（1）对企业正在违约的合同，要在对方接受的前提下，明确责任，签订补充协议，以消除违约后果，尽可能减少损失。

（2）对于口头合同，要尽快采取措施，用书面形式固定下来；除书面签字盖章的原始合同外，传真、电子邮件等形式也作为证据保留。

（3）对于已过诉讼时效的债权，尽量调解解决，或者与对方签订新的还款协议，以中断诉讼时效。

（4）对于临近诉讼时效期的债权，要尽快起诉，对于不能起诉的客户，要用书面形式催款，中断诉讼时效。

（5）对于其他纠纷，区别轻重缓急，选择最佳方式，一个一个解决，尽最大努力维护企业的合法权益，避免损失。

第四，规范各类合同文本。收集企业各类合同文本，针对收集到的合同文本，并结合企业的实际情况，从法律、税务、商业的三个维度进行分析研究，规范合同的各项要件，对原合同中欠缺之处加以修改和审定，协助制定标准的合同文本。对于企业经常使用的合同文本要加以细化，制定出不同情况下使用的合同文本。

第五，完善企业规章制度。对企业原有的规章制度依照法律进行系统修改，制定出适合企业的规章制度。在拟制规章制度时要充公考虑企业的实际情况，制定出一套完整的适合于顾问企业的规章制度，规章制度切忌脱离企业的实际情况。

第六，法律培训与指导。法律培训制度化，做到每年至少一次。有和企业相关的法律法规出台时，要及时为企业提供法律信息，必要时开展针对性培训。

第七，阶段总结，综合评价。平时要做好总结工作，年中进行一次阶段性总结，年末进行一次全面总结，并形成书面报告，提交团队负责人和企业各一份。

第八，为企业提供法律咨询，参与企业的诉讼。对企业的咨询，应在48小时内予以解答。在解答时应注意提供的解决方案切实可行，并为企业以后解决类似问题提供参考标准。紧急事项应当立即处理。参与草拟、修改、审查法律文书时，要做到事实清楚、内容合法、目的明确、格式标准、适用法律正确。参与企业诉讼案件或参加仲裁、调解时，在法律的范围内，为企业争取最大的利益，并将办案过程中的所有材料整理成册归档，做到一案一档。

第九，担任法律顾问的律师应当将所有工作记录在卷，并建立工作日志制度。原则上做到一次一记，一事一记。顾问律师应对企业实行一企一卷，办理具体的法律事务，要一事一档，尽可能为所有材料建立电子档案和纸质档案各一份，充分发挥纸质档案和电子档案的作用。

第十，按规定请示汇报，做好总结。即每月/季度向主办律师汇报一次工作情况，每半年要系统总结前阶段工作，提出下阶段工作计划，每年度向团队负责人和企业提交一份书面总结报告。对企业的重大问题，应当适时请示报告，以便集体研究，制定对策。

第十一，按时与企业沟通。担任法律顾问的律师应当每月和企业至少联络一次，每半年至少和企业负责人会面一次，了解企业的法律事务，提供法律服务。

第十二，保守企业秘密。对于在担任法律顾问期间知悉的企业及企业相关人员的秘密，律师应当严格保守，不得泄露。

第十三，做好法律风险的管理工作，将通过非诉方式处理顾问单位的法律纠纷作为工作的重点，从而将顾问单位的讼累降到最低。对顾问单位生产经营和管理中的决策事项进行法律上的可行性分析，提出建议。

第十四，参加顾问单位重大的谈判活动时，应当把好法律关，协助顾问单位的负责人员拟制谈判方案，并随时提供法律咨询。

第十五，协助顾问单位对规章制度的落实情况进行检查，每年至少一次。发现问题，及时解决。

第十六，如顾问单位有更高的要求，需要更多的服务时，服务费用和标准双方另行协商。

第十七，律师在为企业提供书面文件时，必须使用所里统一的格式文本，除非顾问单位有特殊要求。

第十八，本所律师担任其他性质单位法律顾问时，参照本标准执行。

第十九，本标准自××××年起施行。

第二节　法律顾问工作具体规则

建立统一的工作流程和规则，可以让律师在从事企业法律顾问工作时有章可循，这也是为保证服务质量而采取的方式。如果说服务质量是内容的话，规则就是形式，形式的存在是为了保证内容的可靠。比如，在与企业第一次接触，进行合作洽谈时要准备哪些材料，从哪些方面与企业洽谈。第一次合作时，要为企业建立哪些档案，每个月要做什么工作，年底要做什么工作，必须要有统一的流程。具体文件参见附件《企业法律顾问工作规则》。

律师从事企业法律顾问服务，最重要的是坚持，保证服务质量始终如一。我们制定出质量标准和规则以后，能否始终得到贯彻实施将是决定企业法律顾问服务质量是否达标的关键。事实上，本书所论述的服务理念和方法，很多律师同仁也是多少了解一些的，甚至已经了解了大部分，只不过是没有付诸实施而已。

在这个过程中，团队负责人的作用特别关键，只有团队负责人有毅力坚持下去，团队成员才能始终保持高标准的服务。因此，本书建议团队负责人在为企业提供法律顾问服务的过程中，制定出具体的团队考核和监督机制。

示例：

山东××（城阳）律师事务所
企业法律顾问工作规则

一 总 则

第一，为了促进、保障本所律师法律顾问工作的开展，保证服务质量，并使法律顾问工作制度化、规范化，根据我国《律师法》《律师法律顾问工作规则》，结合本所实际情况，制定本规则。

第二，受聘担任法律顾问的律师在提供法律服务期间应当遵守法律，信守律师职业道德，为企业提供优质高效的服务。

第三，未经本所指派，律师个人不得以任何形式或名义担任法律顾问。律师助理人员不得独立担任法律顾问，但可以协助律师完成法律顾问工作。

第四，本所接受下列聘请人的聘请，担任法律顾问：

（1）公司；（2）合伙企业、个人独资企业；（3）个体工商户；（4）其他组织。

第五，本所及指派的顾问律师，有权拒绝聘方要求为其违法行为及违背事实、违背律师职业道德等的事项提供服务，有权拒绝任何单位、个人的非法干预。

第六，团队负责人为本团队的服务质量负责，各团队应当通过定期举行例会的形式，及时沟通服务情况，保证服务质量。

团队例会每个月至少举行一次。

二　工作流程

第一，签订法律顾问聘用合同。所有担任法律顾问的律师均应与企业签订书面法律顾问聘用合同，明确双方权利义务。聘用合同的内容包括但不限于以下条款：

（1）聘方及受聘方的名称（姓名）、住所、通讯方式；

（2）法律顾问的工作范围、工作方式、履行职责的权限；

（3）担任法律顾问的律师姓名、执业证号；

（4）聘期起止时间；

（5）聘方为保证法律顾问职责的履行提供必要的工作条件和物质保障；

（6）顾问律师应有的知情权；

（7）法律顾问费的支付标准和办法；

（8）合同的变更和解除；

（9）双方约定的其他权利、义务；

（10）违约责任；

（11）解决争议的方法。

第二，出具说明书。律师受聘担任法律顾问后，即应向企业出具一份说明书，列明双方在法律顾问聘用合同中约定的法律服务项目，并列出具体的工作计划。

本所律师提供法律顾问服务时，服务方式包括但不限于如下方式：

（1）咨询；

（2）出具法律意见书、律师函；

（3）参与重大商务谈判；

（4）起草、审查、修改合同和规章制度；

（5）法律培训；

（6）提供有关的法律信息；

（7）经另行委托，代理各类诉讼、仲裁、行政复议案件，参与调解纠纷；

（8）针对个别事项提供法律风险提示；

（9）工作请示。

第三，全面了解企业情况。受聘律师应在担任法律顾问后对顾问单位的基本情况全面了解清楚。

第四，处理企业历史遗留问题。经深入了解企业情况，提出改进企业内部管理、控制的建议；对历史遗留问题加以梳理，重点解决突出的法律问题，保证企业的运营畅通。

第五，规范各类合同文本。对企业常用的合同文本加以规范，针对企业的实际情况制作标准合同文本。

第六，完善企业规章制度。通过熟悉企业总体架构运行情况，找出其中的弊端，寻求完善的方案，充分调动企业各部门的活力；补充完善企业的规章制度，制定切实有效的激励约束机制，寻求企业效益最大化。

第七，法律培训与指导。为从整体上提高企业员工的法律素养和意识，防范法律风险，法律顾问应当主动或应企业要求，结合企业自身情况，就企业运行中涉及的专项问题，对管理人员、一般员工及专题项目组成人员举行法律培训和讲座。

第八，阶段总结，综合评价。担任企业法律顾问的律师应当按阶段对工作进行系统总结，对完成的工作进行总结分析，针对不足作出改进，做好下一阶段的工作计划。

第九，为企业提供法律咨询，参与企业的诉讼。此项工作在企业有需要时随时进行，不受工作流程的限制。

以上流程可根据各企业的实际情况或应企业的要求作出适当调整。

三、其他规定

第一，本所的两个或以上顾问单位之间发生纠纷时，应当告知顾问单位，并向本所汇报。受聘律师在取得顾问单位同意的情况下，应当帮助顾问单位协商解决纠纷，协商不成时，本所律师不代理任何一方参加诉讼或仲裁活动。

第二，受聘律师因故（病假、事假）在一段时间内不能为企业提供服务时，应当提前一周（律师遇到突发事件，无法提前一周汇报时，应当在事后立即向本所和企业汇报）向本所和企业汇报，由双方协商，指定其他律师在此段时间内为企业提供服务。待受聘律师返回工作后，继续为企业服务。

第三，在聘用合同期满前 10 日，受聘律师应主动与企业沟通，确定是否续签聘用合同。

第四，受聘律师因故不能担任企业法律顾问时，应当提前一个月向企业和本所汇报，双方协商指定其他律师或解除合同。突发事件处理规则参照本页下、第 2 条。

第五，双方终止法律顾问聘用合同时，受聘律师要协助企业做好工作交接，并向本所出具一份书面报告，对工作进行全面总结。

四　附　则

（1）本所律师担任其他性质单位法律顾问时，参照本规则执行。

（2）本规则自××××年起施行。

参考文献

1. ［美］肖恩·伯顿："让合同'说人话'"，载《哈佛商业评论》（中文版）2018 年第 2 期。

2. ［美］罗杰·道森：《优势谈判》，刘祥亚译，重庆出版社 2015 年版。

3. 张钧、谢玲丽、廖丹：《法律顾问服务指引》，广东人民出版社 2014 年版。

4. 杨小强、叶金育：《合同的税法考量》，山东人民出版社 2007 年版。

5. 乔路：《公司常年法律顾问实务指引》，法律出版社 2016 年版。

6. 夏志宏：《法律顾问实务指引》，法律出版社 2015 年版。

7. ［美］赫布·科恩：《谈判无处不在》，谷丹译，广东人民出版社 2011 年版。

8. ［美］阿图·葛文德：《清单革命》，王佳艺译，北京联合出版公司 2017 年版。

9. 包庆华编著：《现代企业法律风险与防范技巧解析》，中国纺织出版社 2006 年版。

10. 胡科峰：《企业合同管理实务指南》，法律出版社 2007 年版。

11. 吕良彪：《中国企业法律风险控制与防范实务——吕良彪律师在"企业法律风险防范与控制国际论坛暨首届中国企业法律顾问年度峰会"上的专题演讲》，2006 年 11 月 10 日，北京。